JESUS, O HOMEM MAIS SÁBIO QUE JÁ EXISTIU

STEVEN K. SCOTT

JESUS, O HOMEM MAIS SÁBIO QUE JÁ EXISTIU

Um exemplo de amor, superação e coragem para inspirar nossa vida

SEXTANTE

Título original: *The Greatest Man Who Ever Lived*

Publicado mediante acordo com Broadway Business, um selo da The Crown Publishing Group, uma divisão da Random House, Inc.

tradução: Marcello Lino
preparo de originais: Regina da Veiga Pereira
revisão: Melissa Lopes Leite, Rita Godoy e Tereza da Rocha
diagramação: Ana Paula Daudt Brandão
capa: Filipa Damião Pinto
impressão e acabamento: Bartira Gráfica

CIP-BRASIL. CATALOGAÇÃO NA PUBLICAÇÃO
SINDICATO NACIONAL DOS EDITORES DE LIVROS, RJ

S439j
Scott, Steven K.
Jesus, o homem mais sábio que já existiu / Steven K. Scott ; tradução Marcello Lino. - 1. ed. - Rio de Janeiro : Sextante, 2024.
240 p. ; 21 cm.

Tradução de: The greatest man who ever lived
ISBN 978-65-5564-779-2

1. Jesus Cristo. 2. Sucesso – Aspectos religiosos – Cristianismo. I. Lino, Marcello. II. Título.

23-86554
CDD: 232.904
CDU: 27-31-475

Gabriela Faray Ferreira Lopes - Bibliotecária - CRB-7/6643

GMT Editores Ltda.
Rua Voluntários da Pátria, 45 – 14º andar – Botafogo
22270-000 – Rio de Janeiro – RJ
Tel.: (21) 2538-4100
E-mail: atendimento@sextante.com.br
www.sextante.com.br

Para Robert J. Marsh – meu excepcional mentor, meu segundo pai e um gênio empresarial –, um homem que amou e serviu a Deus com abnegação e sem alarde. Sua sabedoria era um poço que nunca secava e sua fé, sua bondade e seu bom humor me deram o que nenhum outro homem jamais me deu. Nunca encontrarei alguém como você em minha vida. Como sentimos sua falta!

Sumário

CAPÍTULO 1

O que o homem mais sábio que já existiu pode fazer por você

Durante minha vida empresarial, viajei milhões de quilômetros de avião pelos Estados Unidos. Passei milhares de horas conversando sobre diversos assuntos com os homens e mulheres sentados ao meu lado. Ouvi-os reclamar do emprego, do cônjuge, dos filhos, dos chefes e, é claro, da vida em geral. Quando eles descobrem que sou uma pessoa feliz, apaixonado por minha mulher, e que perseverei ao longo de inúmeros fracassos para criar empresas prósperas, muitas vezes me perguntam quais são os "segredos". Respondo que tudo isso começou graças ao que aprendi com um carpinteiro sem-teto que conheci em uma noite, em 1964. As pessoas arregalam os olhos com interesse. Quando digo que o nome do carpinteiro é Jesus, a curiosidade delas logo se transforma em perplexidade. E, inevitavelmente, pedem que eu conte "o *restante* da história".

À medida que começo a descrever as lições de vida e a sabedoria que aprendi com Jesus, a curiosidade das pessoas dá lugar à surpresa. "Será que é verdade?", parecem perguntar a si mesmas. Quando, porém, me ouvem contar como meu pensamento, minha atitude e minhas crenças foram moldadas pelas lições aprendidas com Jesus, o espanto se transforma em admiração, e o ceticismo, em questionamento aberto.

Essas conversas me fizeram descobrir a incrível quantidade de mal-entendidos que existe a respeito de Jesus de Nazaré. Quase todas as pessoas o consideram um líder religioso, o fundador do cristianismo. Outras o veem simplesmente como o maior professor de princípios morais. Algumas conhecem tão pouco os textos e documentos históricos a seu respeito que acham que ele não passa de um mito ou uma lenda. E quase todas avaliam mal a importância que a vida e os ensinamentos de Jesus podem ter para a sua própria vida. Ao pensar nele apenas como um líder "religioso", as pessoas deixam de descobrir tudo o que ele é capaz de fazer para moldar o pensamento e inspirar a vida delas. Por isso, muitas vezes são tomadas de incerteza, frustração, fracasso, ansiedade, desânimo, depressão ou até mesmo desespero. A verdade é que Jesus não tinha *nada* a ver com religião – ele tinha *tudo* a ver com *realidade*.

Aquele com quem caminhamos

Durante a Grande Depressão, um jovem se retirou desesperado de um banco, depois de ver negado o empréstimo necessário para salvar sua empresa. Na saída, esbarrou em Henry Ford. Percebendo seu olhar angustiado, Ford perguntou o que o afligia. O rapaz contou que todos os bancos que visitara tinham rejeitado seu pedido de empréstimo. Ford disse simplesmente: "Venha comigo." Os dois andaram um pouco mais até chegar a outro banco. Dessa vez, quando abriram a porta, Henry abraçou o rapaz por um breve instante. Depois, chamou-o pelo nome e disse num tom de voz alto o bastante para que todos no banco o ouvissem: "Vamos nos encontrar em breve." Em seguida, sussurrou para o jovem: "Vá até o gerente pedir seu empréstimo." O rapaz murmurou: "Mas nada mudou." Henry sorriu e disse: "Uma coisa *de fato* mudou. O gerente o viu *comigo* e, acredite, meu jovem, isso é tudo de que você precisava." Obviamente, o gerente logo convidou o rapaz para entrar em sua sala e concedeu o empréstimo na hora.

Um único encontro mudou a vida daquele jovem. Meu relacionamento com Jesus Cristo fez a mesma coisa por mim, após um único encontro. Até aquele dia, em 1964, eu considerava Jesus alguém totalmente ligado à religião. Mas, naquela noite, ele se tornou um amigo pessoal que estendeu a mão e disse: "Venha comigo." A partir daquele momento, Jesus se tornou meu melhor amigo, meu mentor, meu guia e muito, muito mais.

De ateu aos 10 anos a crente aos 16

Quando eu tinha 10 anos, descobri que Papai Noel não existe. Fiquei desolado. Meus pais confirmaram que Papai Noel era apenas um personagem que as pessoas tinham inventado para tornar o Natal mais divertido. Percebi que Papai Noel pouco se importava comigo, nem mesmo sabia se eu tinha me comportado mal ou bem. Quando fui à igreja no domingo, pensei: "Deus é exatamente como Papai Noel. Não existe. É só uma figura que os adultos criaram para nos sentirmos melhor. Ele não nos ama nem olha por nós. É tão verdadeiro quanto Papai Noel."

Aquilo se tornou uma crença até aproximadamente meus 16 anos. Eu frequentava a igreja, mas não acreditava no que ouvia nem dava a nada daquilo importância alguma. Aos 11 anos, passei a frequentar outra igreja com minha irmã e entrei para o grupo de jovens. Comecei a cantar no coral e me envolvi ainda mais. Apesar disso, não acreditava. Era fácil ser religioso – era só *imitar* o que as pessoas religiosas à minha volta faziam. Mas *crer* em Deus era outra história.

No ensino médio, me interessei muito por ciências. A maioria dos cientistas defende a ideia de que a religião é mais uma muleta do que algo real. Eu achava mais fácil acreditar que Deus não existe. Depois, pouco antes de completar 16 anos, minha irmã me levou a um encontro de estudantes universitários na casa de um bem-sucedido homem de negócios. O principal tema da reunião era a pessoa de Jesus. O orador daquela noite era um cientista, engenheiro químico de uma das maiores empresas aeroespaciais do mundo. Ele também tinha sido ateu durante a maior parte da vida. Mas algo surpreendente lhe acontecera. Um dia, ele sofreu um terrível acidente de carro e ficou gravemente ferido, mas sobreviveu como que por milagre. Ficou então convencido de que apenas Deus poderia ter salvado sua vida. Passou os seis anos seguintes estudando os textos das religiões do mundo durante várias horas, quase todas as noites. Inicialmente, desprezou o cristianismo por causa de todos os hipócritas que conhecia e que afirmavam ser cristãos, mas não pareciam levar uma vida de fé. Então, voltou-se para as religiões orientais. Estudou diversas religiões durante os primeiros anos de sua busca. Sentiu-se profundamente desanimado, porque todas tinham um ponto em comum: o homem precisava "percorrer seu caminho" até Deus para ser aceito. Por fim, tomado pelo desespero, decidiu pesquisar o cristianismo, lendo a Bíblia e vendo o que Cristo tinha a dizer.

Para sua surpresa, Jesus não falava de religião. Falava de um relacionamento com Deus que as pessoas podiam adotar por meio de uma relação íntima com Cristo. Diferentemente de todas as outras religiões que estudara, o cristianismo (segundo a explicação de Jesus) não estava ligado a um esforço para alcançar Deus, mas ao esforço de Deus para alcançar os seres humanos – por meio do sacrifício de Seu Filho.

A convicção com que o renomado cientista proferiu aquelas palavras me arrebatou. Depois da reunião, fui procurá-lo. Ele me perguntou:

– Você faz alguma coisa em casa para ajudar seu pai?

– Corto a grama – respondi.

– Por quê? – perguntou ele.

– Porque meu pai tem problemas de coluna e essa é uma maneira de ajudá-lo.

– Você realmente faz isso para que ele o aceite e o ame?

– Não, faço porque o amo... Ele é meu pai.

– E ele o ama porque você corta a grama? – prosseguiu ele.

– Não, ele me ama porque sou seu filho.

– Quanto ele o ama?

– Muito mais do que mereço.

Então, ele disse uma coisa que nunca vou esquecer:

– *Isso* é um relacionamento! É o que Jesus quer ter com você: um relacionamento e não uma religião.

Quando ele falou, uma luz se acendeu para mim. No entanto, minhas dúvidas sobre a existência de Deus continuavam fortes. Quando contei isso ao cientista, ele foi até o carro e pegou um livro.

– Esse homem era exatamente como você e eu – disse ele, referindo-se ao autor. – Ele lecionava na universidade mais renomada do mundo e não acreditava em Deus. Então, um dia, um amigo apresentou-lhe um argumento lógico e ele percebeu que era irrefutável. Da noite para o dia, suas dúvidas se dissiparam e ele também passou a acreditar em Deus e a seguir Jesus.

O autor era o professor C. S. Lewis, e o livro, *Cristianismo puro e simples*. Fui para casa e comecei a lê-lo. Quando cheguei ao capítulo chamado "A alternativa estarrecedora", concluí o mesmo que C. S. Lewis: Deus *de fato* existe e Jesus era realmente a pessoa que dizia ser. Naquela noite, encontrei o homem chamado Jesus e o aceitei por tudo o que ele era.

Quase seis décadas após aquele primeiro encontro, tudo o que mais prezo tem emanado do meu relacionamento pessoal e da minha caminhada diária com Jesus. Vivenciei inúmeros milagres, tanto em minha vida pessoal quanto na profissional. Isso não significa que eu não tenha passado por fracassos e provações, pelo contrário. Minha própria tolice criou um número enorme de problemas e dificuldades. Embora eu tenha sido responsável pela maior parte de minhas "provações", várias surgiram sem que eu houvesse contribuído para isso. Mas, independentemente de sua gravidade ou de sua causa, meu relacionamento com Jesus me fez superá-las, trazendo-me paz, alegria, realização e sucesso em níveis muito maiores do que eu poderia sonhar.

> *Jesus não caminhou sobre a Terra para iniciar uma religião. Ele veio cumprir uma missão específica. Ao longo do período em que aqui esteve, ele nos deu as* chaves *para levar uma vida de realizações incomparáveis e para alcançar a segurança e a força capazes de superar até mesmo as maiores adversidades.*

Jesus não caminhou no meio de nós simplesmente para acrescentar suas ideias às que já tinham sido transmitidas durante séculos por filósofos como Platão e Aristóteles, ou líderes religiosos como Moisés e Buda. Ele veio à Terra para cumprir uma missão específica: *fornecer, por atos e palavras, os meios para que a humanidade pudesse se unir a Deus.* Mas não é disso que trata este livro. Afinal, várias obras sobre os ensinamentos espirituais de Jesus já foram escritas por líderes religiosos muito mais eruditos do que eu. O que tenho a oferecer é um relato de como meu relacionamento com Jesus, seus ensinamentos e sua liderança ajudaram a orientar e moldar meu sucesso nos negócios e na vida pessoal. Acredito que esse relato também poderá ajudar você a transformar sua vida. De certo modo, meu objetivo ao escrever este livro é examinar os princípios e valores profundamente transformadores que Jesus proclamou com suas palavras e demonstrou com sua vida. Esses princípios fornecem um meio poderoso para alcançarmos um sucesso extraordinário, muita paz interior e a felicidade que todos buscamos.

Por que os ensinamentos de Jesus são cruciais para o nosso futuro?

Durante milhares de anos, homens e mulheres procuraram compreender a si mesmos e decifrar o sentido da vida. A maioria ainda procura. Jesus, porém, entendeu *tudo*. Seu conhecimento de nossas mentes e nossos corações permite que ele "mostre as coisas como elas são" de um modo como ninguém jamais conseguiu fazer. Seu conhecimento profundo de nossas inclinações naturais, motivações, pontos fortes e fracos, bem como seu conhecimento perfeito do que é melhor para nós agora e no futuro, o tornam o conselheiro e guia *supremo*.

Seu GPS pessoal

Adoro o GPS (sistema de posicionamento global por satélite). Costumo me perder facilmente quando estou dirigindo. O GPS mudou tudo para mim. Em vez de ficar olhando para um mapa, uma bela voz feminina me guia com rapidez e eficiência até o destino que busco. Se pego a pista errada, ou perco uma saída ou um retorno, ela instantaneamente me diz que está "refazendo minha trajetória", e me leva aonde quero ir, apesar do meu erro. Como o GPS funciona? Os satélites GPS simplesmente têm uma visão panorâmica perfeita do carro que estou dirigindo, da minha localização atual, do meu destino e de todas as vias no percurso. Eles são capazes de calcular a melhor rota para mim. Às vezes eu me afasto do caminho traçado ou me esqueço de ligar o GPS. Mas, quando estou perdido, eu o ligo, o sistema capta o meu sinal e rapidamente me guia por uma rota alternativa até onde quero chegar.

Do mesmo modo, por meio do seu exemplo de vida, Jesus nos oferece um mapa da maneira como devemos viver e tratar as pessoas que nos cercam. Com suas palavras, ele nos fornece um GPS que, quando devidamente seguido, nos guia passo a passo pelas oportunidades e adversidades da vida cotidiana. Quando não prestamos atenção em suas instruções e nos perdemos, indo parar em um lugar onde não queríamos estar, ele pode oferecer as instruções de que precisamos para voltar atrás e chegar ao nosso destino final.

Jesus falava usando uma linguagem que todos pudessem entender. Autodenominava-se o "Bom Pastor" e referia-se aos seus seguidores como seu rebanho. O que faz um pastor? Guia suas ovelhas até encontrarem alimento, água, abrigo e segurança. Toma conta delas. Jesus disse: "Eu vim para que tenham a vida e a tenham em abundância" (João 10:10). Ele veio para nos dar uma vida *abundante*. Como o GPS, ele não nos obriga a seguir seu caminho. Em vez disso, simplesmente o aponta para que possamos decidir se vamos ouvi-lo e segui-lo ou se vamos ignorar suas palavras e tomar nosso próprio rumo.

Não me entenda mal. A "vida abundante" que Jesus nos oferece não se refere a riqueza material. Conheci pessoas extraordinariamente ricas e muito mais infelizes e "vazias" do que outras que tinham uma condição mediana. Jesus disse: "A vida de um homem não consiste na quantidade dos seus bens" (Lucas 12:15). Sei de muitos que pensavam que sua insatisfação desapareceria se conseguissem um carro novo, uma casa nova, um novo cônjuge, um novo cargo ou título, ou qualquer outra coisa que cobiçassem. Mas, assim que obtinham o que tinham lutado tanto para conseguir, descobriam que aquilo não trazia a satisfação que tanto almejavam.

Como Jesus afirmou, o melhor que a vida tem a oferecer não pode ser encontrado em um objeto. Ele disse: "Pois que adianta ao homem ganhar o mundo inteiro e perder-se ou destruir a si mesmo?" (Lucas 9:25). Se estamos perdidos em uma floresta, em um oceano ou em um deserto, que diferença faz nossa riqueza ou nosso patrimônio? Quando um homem morre em um acidente de carro, que diferença faz se foi em um BMW novo ou em um Chevrolet usado? Por outro lado, se uma pessoa é realmente feliz, realizada e segura, que diferença faz se ela é rica ou não?

A boa notícia é que, quando seguimos os princípios, a liderança e os conselhos de Jesus, não precisamos esperar um momento sequer, muito menos um ano ou uma década, para nos sentirmos mais realizados. A vida abundante que ele quer que tenhamos está disponível para cada um de nós imediatamente. Porém, para recebê-la, devemos confiar em suas instruções e segui-las.

Melhor do que ganhar na loteria?

Será que seguir as palavras e a sábia orientação desse "carpinteiro sem-teto" é melhor do que ganhar na loteria? Sem dúvida! Acredite, nenhum grande prêmio poderia ter proporcionado a vida de relacionamentos carinhosos e plenos que tive graças à orientação de Jesus. Nenhuma loteria poderia ter criado a bem-sucedida carreira empresarial de que desfrutei. Ao longo dos últimos 32 anos, meus projetos geraram riqueza pessoal e me permitiram estreitar amizades com alguns dos indivíduos mais famosos e exímios do mundo. Nada disso teria sido possível sem a sabedoria e o exemplo de Jesus. E nenhuma loteria poderia ter me amparado ao longo das grandes provações da vida. E não sou o único. Vi a incrível diferença que Jesus fez na vida de muitos dos meus amigos. Dentre aqueles que seguiram seu sábio conselho e sua orientação, ele transformou os temerosos em corajosos, os ansiosos em confiantes, os desesperados em crentes, os indignos em pessoas de valor, os fracassados em bem-sucedidos, os egoístas em altruístas, os furiosos em amorosos, os avarentos em generosos, os inseguros em seguros, os doentes em pessoas saudáveis, e os que estavam espiritualmente perdidos puderam se encontrar.

Nenhum prêmio da loteria é capaz de conceder todos esses benefícios. E, além de tudo, Jesus nos guia até sua vida *abun-*

dante sem pedir nada em troca. Nos capítulos a seguir você vai conhecer várias de suas chaves para o significado, o sucesso e a felicidade – princípios que, uma vez adquiridos, nunca poderão ser tirados de você. Jesus disse: "Eu sou *o* Caminho, *a* Verdade e *a* Vida" (João 14:6). Ele não afirmava que oferecia apenas *um* caminho, *uma* verdade ou *uma* vida; ele afirmava *ser* o próprio caminho, a encarnação plena da verdade e a suma fonte da vida. Esse GPS supremo tem o poder de nos guiar até o que é mais importante na existência. Então, aperte o cinto e prepare-se para a maior viagem da sua vida.

"Não é tolo quem dá o que não pode guardar para obter o que não pode perder!" – Jim Elliott, martirizado aos 29 anos, em 1956, nas selvas do Equador.

CAPÍTULO 2

Acorde e preste atenção no que está acontecendo

"Ainda não compreendem nem percebem? O coração de vocês está endurecido? Vocês têm olhos, mas não veem? Têm ouvidos, mas não ouvem?" – Marcos 8:17

Quando está aconselhando alguém em seu programa de televisão, a certa altura o Dr. Phil elimina todas as distrações, desculpas e questões "menores" apresentadas e traz o entrevistado de volta ao tema central do discurso, advertindo: "Vamos cair na real." A verdade é que, em qualquer momento, em qualquer situação, vivemos em dois mundos completamente diferentes: o mundo das ilusões e o mundo da realidade.

Caminhando pelas ruas de Jerusalém, Jesus e seus discípulos encontraram um homem cego de nascença. Por causa da cegueira, o único meio de sobreviver que ele tinha era pedindo esmola aos transeuntes – fizera isso durante toda a vida adulta. Ao se aproximarem, os discípulos de Jesus perguntaram: "Quem pecou, ele ou seus pais, para que nascesse cego?" Eles supunham que Deus só permitiria que uma coisa tão terrível como aquela acontecesse com uma criança se os pais tivessem feito algo atroz ou se Deus soubesse que o bebê faria algo terrível no futuro e resolvesse puni-lo antecipadamente. Como acreditavam num Deus amoroso e justo, imaginavam que as aflições do homem eram uma punição por seus pecados. Jesus corrigiu aquela interpretação errônea. "Nem ele nem seus pais pecaram, mas isto aconteceu para que a obra de Deus se manifestasse na vida dele" (João 9:3).

Quantas vezes os pais daquele pobre homem tinham se perguntado: "Por que isso aconteceu com nosso filho? O que *nós* fizemos para que ele padecesse?" Durante a infância, o menino foi privado de todas as coisas maravilhosas que as outras crianças com visão normal podiam vivenciar. Quando se tornou adulto e os pais não tinham como sustentá-lo, foi relegado a uma vida de mendicância nas ruas. "Que tragédia!", pensamos. As pessoas naquela época procuravam motivos para tal desgraça. Mas Jesus explicou a seus seguidores que o sofrimento do homem não era uma punição por alguma ação dele ou de seus pais. Em vez disso, afirmou que aquilo tinha um propósito mais amplo: revelar ao mundo o trabalho de Deus. Em seguida, Jesus curou o homem da cegueira. Em questão de minutos, a notícia da cura se espalhou por Jerusalém. O jovem e seus pais foram convocados perante um grupo dos mais altos líderes religiosos, que os interrogaram a respeito do ocorrido. Quando o rapaz confirmou que Jesus o havia curado, os líderes religiosos atacaram verbalmente Jesus. O jovem os confrontou e fez uma das mais inspiradas defesas de Jesus registradas na Bíblia. Portanto, ele de fato ajudou a mostrar o trabalho de Deus para o mundo. Ridicularizado e expulso da reunião logo em seguida, o rapaz se deparou com Jesus e tornou-se seu fiel seguidor.

O cego e os pais, assim como a comunidade em que viviam, achavam que aquele defeito de nascença era uma terrível tragédia ou, pior ainda, uma punição divina. Não havia outra explicação para a desgraça do jovem. A questão é: quando fazemos suposições sobre as intenções de Deus, provavelmente nos enganamos – porque nosso entendimento e nossa perspectiva são muito limitados. O que o rapaz e os pais não enxergavam era a *realidade* – a cegueira dele fora, na verdade, uma dádiva, que acabou levando-o até Jesus. Sua experiência o transformou em um homem de grande influência sobre as pessoas pelo resto da vida.

Muitas vezes, nos fixamos em ilusões que, apesar da aparência, não são importantes. Por exemplo, vivemos na ilusão de que temos "todo o tempo do mundo" e por isso adiamos nossas ações. Acabamos nos dispersando, em vez de priorizar o que é mais importante. Achamos que dispomos de um tempo infinito. A realidade é que nosso tempo é extremamente limitado e, principalmente, irrecuperável.

Temos a ilusão de que o dinheiro é nosso bem mais precioso, ao passo que o tempo é menos valioso. A realidade é que nosso tempo é muito mais precioso do que o dinheiro. O dinheiro que gastamos ou perdemos geralmente pode ser reposto. Mas o tempo perdido *nunca* pode ser recuperado. Um americano vive em média 3.952 semanas. Aquele que chegou aos 50 anos já viveu 2.600 semanas. A maioria das pessoas trata o tempo como se fosse um relógio que nunca vai parar de avançar. Na verdade, o tempo é como um cronômetro em contagem regressiva em um jogo de futebol que não tem prorrogação. A partir do nascimento, o relógio começa sua contagem regressiva, ininterruptamente. Cada minuto, cada dia e cada semana que passam saem de nossa vida e nunca poderão ser recobrados.

Tempo e dinheiro são apenas dois exemplos de como muitas vezes somos cegos em relação à realidade. Pense nas palavras que dizemos ou deixamos de dizer. Tentamos nos convencer de que palavras bruscas, agressivas ou perniciosas não causam impacto nos outros – nossos cônjuges, filhos, funcionários ou colegas vão "superá-las". A realidade é que as palavras agressivas causam danos profundos nas pessoas e talvez nunca sejam esquecidas ou facilmente remediadas. Muitos psicólogos acreditam que o ataque verbal e emocional causa ferimentos mais profundos do que o físico e tem uma recuperação muito mais difícil.

Agora pense nos pais cujos filhos praticam esportes. As crianças jogam para se divertir. Muitas vezes, porém, os pais e treinadores tratam os jogos ou partidas como se as crianças estivessem fazendo um teste para entrar para um time profissional - como se o futuro da criança dependesse do seu desempenho. Já vi pais gritando com os próprios filhos e também com as crianças do time adversário.

O professor Greg Smalley, da Universidade John Brown, me disse recentemente que o agravamento de uma discussão entre marido e mulher não tem a ver com a questão que originou a discussão. Isso é só a ilusão. A realidade é que o agravamento acontece porque existe uma questão mais profunda que permanece sem solução e vai continuar envenenando os espíritos. À medida que a discussão sai do controle, a verdadeira questão vem à tona, com toda a raiva, o ressentimento e o medo que estavam contidos.

A maioria dos nossos dias e semanas se concentra em ilusões da vida e não na realidade. Por isso, nossas preocupações mais fundamentais muitas vezes não são resolvidas e deixamos de realizar as coisas mais importantes para nós. Sentimos então um ranço de descontentamento, frustração, estresse, decepção e fracasso. Nossa criatividade, nossa produtividade e nosso sentido de realização ficam limitados, e nossa satisfação e nossa felicidade, comprometidas.

Uma miragem nunca dará a você uma gota d'água

Tendo crescido em Phoenix, vi muitas miragens no deserto. Antes de saber o que era uma miragem, eu podia jurar que tinha visto um lago na estrada à minha frente. As ilusões da nossa vida cotidiana são semelhantes, pois acreditamos que elas refletem a realidade. Por exemplo: perdi os oito primeiros empregos que tive após sair da faculdade. Na época, eu acreditava que a perda daqueles empregos significava que eu era um fracasso, que nunca teria êxito na vida profissional. Foi isso que meu terceiro patrão declarou quando me demitiu.

– Steve – afirmou ele –, você é a maior decepção de toda a minha carreira. *Nunca* será bem-sucedido no marketing. Você tem 20 minutos para limpar sua mesa!

Como o homem que fez essas afirmações era o vice-presidente de marketing da empresa e eu era apenas um assistente de produto de 23 anos, acreditei nele. Aceitei o julgamento que ele fazia de mim e de minhas capacidades. A ilusão daquele homem se tornou a minha crença. Apenas no meu décimo emprego pude me libertar daquela ilusão e acreditar que eu *era capaz* de alcançar um sucesso extraordinário. Na empresa que criei também descartei a ilusão de que poderia ser bem-sucedido sozinho. Percebi que, para alcançar o que desejava, eu precisava estabelecer uma parceria eficaz com meu mentor e com outras pessoas. Em uma questão de meses, as vendas da nossa nova empresa triplicaram – tudo graças às mesmas habilidades de marketing que meu ex-chefe dissera que eu não possuía. Quando uma pessoa começa a enxergar a realidade, as ilusões deixam de ter o poder de impedir ou limitar seu progresso. Isso vale para negócios, casamentos, criação de filhos e todas as outras áreas da vida.

Dissipando a ilusão com um interruptor

A grande pergunta é: o que podemos *fazer* para ver e entender a realidade de cada situação, reagir a ela e *não* ser enganado nem distraído pela ilusão?

Você já entrou em uma sala totalmente escura? É muito fácil ficar desorientado. Já esbarrei em paredes, tropecei em brinquedos e bati a canela em cadeiras e mesas. Ao caminhar na escuridão, você *não consegue enxergar* a realidade à sua volta. Isso também o leva a criar outras ilusões. Mas, se acendemos as luzes, podemos instantaneamente ver tudo com a perspectiva adequada. As paredes, as mesas, as cadeiras e os brinquedos no chão ficam visíveis e, assim, podem ser facilmente evitados.

Jesus disse que o mundo em que vivemos está repleto de escuridão. Nossa tendência natural é "caminhar" nessa escuridão. Por isso, erramos o caminho com facilidade. Aceitamos e adotamos ilusões sobre nós mesmos e sobre os outros. Julgamos erroneamente nosso valor, nossas habilidades e nosso potencial. Compreendemos mal as palavras, as ações e os motivos dos que nos cercam. Valorizamos coisas sem importância e ignoramos as mais relevantes. E nos relacionamentos, em vez de aceitar nossa própria responsabilidade e nossos próprios erros, nos apressamos em culpar o outro.

Em João 8:12, Jesus disse: "Eu sou a luz do mundo. Quem me segue nunca andará em trevas, mas terá a luz da vida." Isso significa que a sabedoria e as ideias que Jesus oferece podem iluminar todas as áreas da nossa vida, expor as ilusões que nos guiaram e revelar a realidade por trás delas. O conselho que ele dá é capaz de nos emancipar para que alcancemos níveis de sucesso e realização mais elevados do que poderíamos imaginar.

A diferença que a luz de Jesus pode fazer

Muitas vezes me perguntam: "Como o seu relacionamento com Jesus fez diferença em seu trabalho?" As ideias e a sabedoria de Jesus mudaram totalmente minha vida profissional. Vejo pessoas e oportunidades de uma perspectiva diferente. Um grande número de gerentes considera os funcionários e os clientes em potencial um *meio* para chegar a um fim. Se o funcionário cumpre o papel para o qual foi designado, o gerente o acolhe. Caso contrário, o demite. Em suma, ele *usa* os funcionários – provavelmente porque valoriza mais projetos e "coisas" do que pessoas. Fico envergonhado quando penso que eu mesmo agi dessa maneira. Há alguns anos, apaixonei-me por um belo Mercedes vermelho conversível, comprei-o e voltei orgulhoso para casa com ele. Poucos meses depois, ao tirar seu triciclo da garagem, meu filho de 3 anos forçou a passagem e deixou um arranhão de cerca de 2 metros na lateral do meu amado carro. Meu filho não prestou muita atenção no que acontecera, mas ficou orgulhoso de sua força. Quando descobri o arranhão, perdi o controle. Agarrei Ryan, levei-o até a garagem e gritei com ele. Percebendo o que fizera, o pobrezinho começou a chorar – não porque tinha arranhado o carro do pai, mas porque deixara o maior herói de sua vida decepcionado e com raiva dele. Foi naquele momento que as palavras de Jesus me vieram à mente: "A vida de um homem não consiste na quantidade dos seus bens" (Lucas 12:15). Eu caí em uma armadilha ao pensar que meu objeto de 80 mil dólares era mais importante do que meu *inestimável* filho. A *realidade* era que o arranhão podia ser consertado e o carro era substituível. Meu filho, porém, é *insubstituível*. Seu amor e sua confiança em mim valem muito mais do que qualquer bem material.

Um amigo uma vez compartilhou comigo os dois diagramas a seguir. O da esquerda mostra como a maioria de nós trata pessoas e coisas. Já o da direita reflete a realidade do que Jesus revelou.

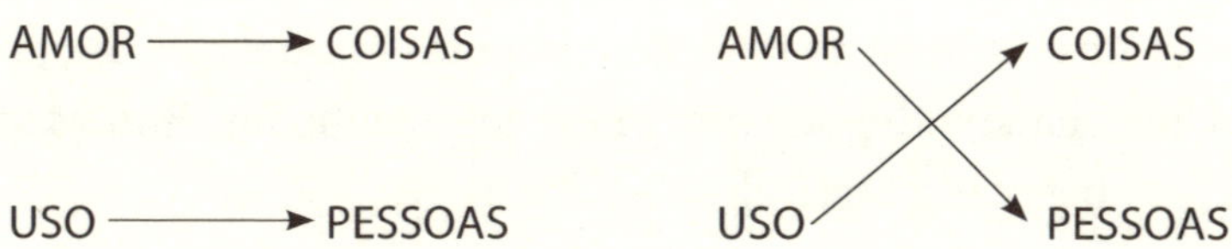

O diagrama da direita deve se tornar um modelo de como priorizar nosso comportamento em qualquer situação.

Em março de 1976, eu estava coordenando o lançamento de uma campanha televisiva nacional para a Ambassador Leather, uma empresa de vendas por catálogo com sede no Arizona. Voei até Omaha, Nebraska, para me encontrar com o dono de um call center que receberia os pedidos originados por nossos anúncios. Quando viajo, geralmente alugo um carro no aeroporto. Mas dessa vez havia alguém à minha espera no desembarque. Mais tarde, então, pedi que o motorista do hotel me levasse ao aeroporto para que eu pegasse o carro alugado. No caminho, ele mencionou casualmente que Pat Boone estava na cidade e que faria um show naquela noite. Perguntei se ele estava hospedado no hotel, mas o motorista não quis me dizer.

Quando voltei ao hotel, cansado, fui direto para o quarto. Sempre quis conhecer Pat Boone, mas imaginei que ele estivesse no show e só fosse voltar muito mais tarde. Além disso, eu era um jovem de 26 anos, e ele, um dos maiores artistas dos Estados Unidos. Como seria possível conhecê-lo? Então, uma declaração de Jesus me veio à cabeça, e escrevi um bilhete para Pat. Pedi à recepcionista:

– Pat Boone está no show neste momento, mas você poderia lhe entregar este bilhete ao voltar?

Ela sorriu, pegou o bilhete e o colocou no escaninho. Alguns minutos após a meia-noite, meu telefone tocou. Quando atendi, ouvi:

– Steve? É Pat Boone.

Conversamos durante duas horas e no dia seguinte almoçamos juntos. Ao final da refeição, tínhamos nos tornado amigos.

Uma semana depois, um gênio empreendedor, Bob Marsh, me fez uma oferta incrível:

– Se você conseguir encontrar um produto para comercializar na TV, poderemos abrir nossa *própria* empresa de marketing televisivo.

No dia seguinte, liguei para Pat Boone e pedi-lhe que me ajudasse a encontrar o tal produto, acrescentando que, se isso acontecesse, eu poderia me associar ao homem com quem eu mais gostaria de trabalhar no mundo e faria de Pat o garoto-propaganda do comercial que criaríamos para vender o produto.

Na semana seguinte, ele foi convidado para jantar na casa de um rabino. Durante a reunião, a cunhada do rabino, que era médica, falou de um produto para acne que ela havia criado e testado com grande sucesso. As filhas adolescentes de Pat começaram a usar o produto e adoraram. Então, ele me mandou umas amostras e comecei a distribuí-las. Todos os que experimentaram adoraram. Resultado: deixei meu emprego na empresa de venda por catálogo e me mudei para a Filadélfia, onde iniciei uma nova empresa de marketing televisivo com Bob Marsh. Pat e sua filha concordaram em aparecer em nosso comercial para promover o creme antiacne sem receber cachê adiantado (algo inédito no mundo do entretenimento). Aquele anúncio de dois minutos transformou, em alguns meses, minha pequena sociedade com Bob em uma empresa multimilionária. Prosseguimos abrindo dezenas de empresas e fazendo centenas de campanhas para vender nossos serviços e produtos. Nos 30 anos seguintes, nossos negócios produziram uma riqueza considerável em vendas e afetaram a vida de milhões de famílias.

O que quero provar com essa história? Até aquela noite em Omaha, eu nunca tinha escrito um bilhete para um desconhecido, muito menos para uma celebridade. E, até aquela noite, Pat Boone *nunca* respondera às centenas de bilhetes que estranhos vinham lhe escrevendo durante todas as décadas da sua carreira como cantor. Se eu tivesse alugado o carro quando cheguei ao aeroporto, eu não teria ouvido o motorista do hotel dizer que Pat Boone estava na cidade. Se Pat não tivesse respondido ao meu bilhete, jamais teríamos nos conhecido. Se Pat não tivesse ido ao jantar na casa do rabino, nunca ouviria falar no produto. Se Pat não tivesse concordado em participar de nosso comercial sem receber o cachê adiantado, não teríamos tido condições de fazer o anúncio. Tudo aquilo aconteceu porque seguimos os ensinamentos de Jesus. Ele disse que se eu *batesse* em portas com fé, elas se abririam; se eu *procurasse* com fé, encontraria. Suas palavras me ensinaram a abrir os olhos para as oportunidades à minha frente e a corajosamente cruzar as portas que poderiam me intimidar.

O conselheiro supremo do mundo

Nos Provérbios, o rei Salomão nos adverte de que, quando não há aconselhamento, nossos planos fracassam, mas, havendo muitos conselheiros, eles se realizam (Provérbios 15:22). Contei com o benefício de um maravilhoso grupo de mestres, conselheiros, sócios e mentores tanto na minha vida pessoal quanto na profissional. Sem seus conselhos e sua sabedoria, eu teria obtido muito mais fracassos e muito menos êxitos e realizações. Mas mesmo os melhores conselheiros são limitados no que são capazes de oferecer. Eles podem saber mais do que nós, mas suas informações também são limitadas. Os ensinamentos de Jesus, por outro lado, não se baseiam em teoria, razão, lógica ou experiência humana, mas na verdade. Jesus entendeu como ninguém os corações e as mentes de homens e mulheres, suas inclinações naturais e seus pontos fortes e fracos.

Por que é crucial descobrir, acolher e reagir à realidade?

Aos 15 anos, meu filho Devin disse à minha mulher:

– Odeio o telefone celular do meu pai. Tenho vontade de jogá-lo no lixo!

Quando Shannon me contou isso, percebi que tinha caído em uma armadilha, acreditando na ilusão de que era mais importante dedicar minha atenção aos negócios do que ao meu filho. As ilusões em que eu acreditara eram: (1) ele não se importa que eu fale ao telefone; (2) é crucial e prioritário tratar de assuntos de negócios, mesmo quando estou com meus filhos; e (3) meus filhos podem esperar, mas os negócios, não. Por outro lado, eu ignorava as seguintes realidades: (1) Devin é um milhão de vezes mais importante para mim do que qualquer necessidade profissional passageira; (2) meu tempo com ele é limitado e precioso; e (3) ao deixar de dar atenção a ele para ser exageradamente solícito com um cliente ou parceiro comercial, transmito para meu filho uma mensagem *errada* a respeito de meus sentimentos, além de magoá-lo.

Jesus advertiu seus seguidores de que *não* permitissem que as necessidades dos adultos tirassem o espaço das necessidades das crianças. Embora tenha sido minha mulher quem me chamou a atenção para o que estava acontecendo, foram as palavras de Cristo que me convenceram a mudar de comportamento.

Ao longo da minha vida, a sabedoria de Cristo iluminou meu caminho em todos os setores. A experiência que acumulei no campo profissional e pessoal me permite afirmar com convicção que, na maior parte das vezes, nos concentramos nas ilusões que nos circundam. Eis algumas das ilusões comuns em que acreditamos:

ILUSÃO	**REALIDADE**
O sucesso é medido por riqueza material, cargos e status social.	O sucesso é evidenciado pela diferença positiva que causamos no mundo e pela satisfação que trazemos para nossa própria vida e para a dos que nos cercam.
O amor é um sentimento.	O amor é a decisão de agir em benefício de outra pessoa.
Você precisa estar "apaixonado" para amar e ser amado.	Você ama porque escolhe amar e não porque é amado ou porque está apaixonado.
Os assuntos dos adultos são mais importantes do que os das crianças.	Crianças e adultos são igualmente importantes, mas a vulnerabilidade das crianças as torna prioritárias.

ILUSÃO	**REALIDADE**
As pessoas ricas ou bem-sucedidas são mais importantes do que as outras.	Todos os homens e mulheres são igualmente importantes.
Serei feliz quando tiver um...	A verdadeira felicidade não está ligada ao que temos, mas ao que damos e a como ajudamos o próximo.
O futuro é mais importante do que o presente.	O foco perpétuo no futuro nos priva do poder do presente.
Meus fracassos passados significam que não posso ter êxito no futuro.	Os fracassos passados podem nos fornecer a sabedoria e as ideias necessárias para o sucesso no presente e no futuro.
O que podemos realizar é limitado pela educação, pelo conhecimento, pelas habilidades, pelos talentos e pelo dinheiro que temos.	O que podemos realizar no futuro é determinado pelas estratégias que utilizamos e pelo empenho e pela energia com que lutamos por nossos objetivos.
Melhor do que isso, impossível.	Podemos tornar nossa vida cada vez mais rica e melhor.
Vou deixar para amanhã.	Se você adia alguma coisa, provavelmente nunca irá realizá-la.
Amar "coisas" faz parte da vida.	Amar coisas é um desperdício de afeto e tempo.
Usar os outros para ganho pessoal faz parte da vida.	Sirva os outros – não os use nunca.

Essas são apenas algumas das centenas de ilusões e realidades que Jesus ilumina com suas palavras e ideias. Para cada ilusão, ele revela uma realidade que nos levará a níveis mais elevados de sucesso e graus mais intensos de felicidade e realização. Nos próximos capítulos, você descobrirá como usar o poder da sabedoria e os exemplos do cotidiano de Jesus para melhorar e enriquecer todas as áreas da sua vida.

A COMPREENSÃO TRANSFORMA MENTES, A AÇÃO TRANSFORMA VIDAS

Transformando compreensão em ação

1. Faça uma lista das ilusões que você alimenta em sua vida. Primeiro, liste o maior número possível de ilusões em que você apoia suas atitudes, crenças ou seu comportamento. Em seguida, enumere as ilusões presentes em seus relacionamentos com amigos, cônjuges ou filhos. Por fim, faça uma lista das que se aplicam à sua vida profissional.
2. Para cada ilusão listada, identifique uma realidade correspondente que você negligenciou ou não enxergou.
3. Faça uma lista de atitudes específicas que você pode tomar para mudar seu modo de pensar ou reagir.

CAPÍTULO 3

As seis chaves da vida de Jesus que podem transformar uma pessoa comum em um realizador extraordinário

Até os 30 anos, Jesus passou seus dias em uma oficina de carpinteiro. Quando iniciou seu ministério, saiu pelas aldeias e pelo interior afora apenas com a roupa do corpo. Três anos e meio após ter começado a proclamar sua mensagem, ele foi preso à noite e executado no dia seguinte. Durante seu breve ministério, Jesus pregou para dezenas de milhares de pessoas, mas a maior parte do seu tempo foi gasto ensinando os 12 homens que abandonaram seu cotidiano para segui-lo. Quando foi crucificado, apenas um dos 12 seguidores teve a coragem de ficar com ele. Um o traiu e os outros 10 fugiram, amedrontados. Não haveria descrição mais perfeita de um fracasso: depois de três anos treinando 12 homens, apenas um não sai correndo quando você enfrenta um problema sério. E eis o fato mais surpreendente: tudo isso aconteceu em uma parte obscura do mundo, que não tinha muita importância para o governo do Império Romano. E era uma época em que não havia internet, televisão, rádio, jornais, revistas nem máquinas de impressão para ajudar a difundir a mensagem de Jesus. Trata-se de uma história e uma mensagem que tinham tudo para morrer na obscuridade. Mas não foi o que aconteceu.

Um ano após a morte de Jesus, seus 11 seguidores haviam se multiplicado e já perfaziam milhares. Nas décadas seguintes, aqueles milhares de seguidores se transformaram em dezenas de milhares, e as dezenas de milhares, em centenas de milhões ao longo dos séculos. No momento de sua execução, sua vida parecia ter sido um terrível fracasso. No entanto, nos meses, anos e séculos que se seguiram, ele foi reconhecido em todo o mundo como o *homem mais sábio que já existiu*. O que aconteceu?

O lado humano de Cristo

Como cristão, é fácil dizer que o crescimento do cristianismo é o resultado do trabalho milagroso de Deus na Terra. Embora eu acredite nisso, Jesus exibiu certos comportamentos, usou certas estratégias e realizou certas ações que ajudaram a criar esse resultado extraordinário. O valor e o poder desses comportamentos, estratégias e ações são facilmente negligenciados quando atribuímos o sucesso incomparável de Jesus apenas à sua divindade. No céu diurno, existem tantas estrelas quanto no céu noturno. Todavia, durante o dia, elas não são vistas por causa do brilho do Sol. Da mesma maneira, a natureza divina das palavras, do comportamento e das obras de Jesus é tão brilhante que a surpreendente luz de sua humanidade passa facilmente despercebida. Durante anos, negligenciei esses aspectos humanos de sua vida, as implicações e o valor deles para a minha própria vida. No entanto, eles têm o poder de realizar mudanças magníficas e de nos ajudar a alcançar um sucesso extraordinário no trabalho e na vida pessoal.

O que quero dizer com isso? Vou ilustrar meu argumento. O Novo Testamento ensina que, em uma ocasião, Jesus alimentou milagrosamente milhares de pessoas com uma única porção de peixe e pão. *Isso* é um milagre. Mas a multidão o seguia havia três dias, com pouco ou nenhum alimento. *Você* já seguiu *alguém* por três dias, apenas para ver o que aquela pessoa fazia ou ouvir o que ela dizia? Testemunhas escreveram que, quando Jesus falava, suas palavras, seu modo de se expressar e a autoridade com que transmitia os ensinamentos *fascinavam* as multidões. Não deveríamos perguntar que técnicas de comunicação ele usava? De que maneira falava? Como ensinava com tanta autoridade? Jesus não era simplesmente um grande comunicador – na verdade, ele foi o maior comunicador que já existiu. Considerando que a comunicação é o principal desafio nos negócios, o maior problema nos casamentos e a ferramenta mais importante na criação dos filhos, será que não podemos aprender com o maior comunicador de todos os tempos métodos mais eficientes para nos entendermos?

Jesus disse a seus seguidores: "Aprendam de mim" (Mateus 11:29). Ele não queria dizer que simplesmente aprendêssemos com suas palavras. Ele estava nos dizendo para aprendermos com sua vida, seu comportamento, suas atitudes, suas ações, seus métodos e suas palavras. É claro, devemos aprender com seus ensinamentos, mas deixar de aprender com os *exemplos* de sua vida cotidiana é negligenciar lições transformadoras e libertadoras que talvez não possamos encontrar em nenhum outro lugar. Seu significado, sua missão, seus métodos, sua mensagem, seu modo de agir e a maneira como ele cumpria suas missões devem ser cuidadosamente examinados e usados como lições.

Talvez você esteja pensando: "Posso *realmente* aprender estratégias e habilidades transformadoras examinando a vida de um homem que viveu há mais de dois mil anos?" Bem, veja o que um dos maiores gênios militares de todos os tempos, Napoleão Bonaparte, disse sobre Jesus:

> Conheço os homens e digo que Jesus Cristo não é um mero homem. Entre ele e todas as outras pessoas do mundo não há comparação. Mentes superficiais veem uma semelhança

entre Cristo, os fundadores de impérios e os deuses de outras religiões. Essa semelhança não existe. [...] Tudo em Cristo me deixa perplexo. Seu espírito me enche de admiração e sua vontade me confunde. Ele é um ser único. Suas ideias e seus sentimentos, a verdade que ele anuncia e sua maneira de convencer não são explicados nem pela organização humana nem pela natureza das coisas. Quanto mais me aproximo, quanto mais examino com cuidado, percebo que tudo está acima de mim – tudo permanece grandioso, com uma grandiosidade que subjuga. [...] Não podemos de forma alguma encontrar em outro lugar o mesmo exemplo de vida. [...] Tento buscar em vão na história alguém semelhante a Jesus Cristo. História, humanidade, eras e natureza não me oferecem nada que eu possa usar como comparação ou explicação.

Significado, missão, mensagem, maneira, método e missão cumprida

Quando observamos esses seis aspectos da vida de Jesus, descobrimos um nível de propósito, determinação, perseverança e coerência nunca antes visto nem igualado. Os motivos para que ele fizesse o que fez criaram um grau de determinação que resultou em um empenho inabalável para atingir seus objetivos. Sua missão refletia perfeitamente suas metas. Sua mensagem, que ele proclamava com palavras e demonstrava com a própria vida, refletia sua missão e seus fins. Os métodos que ele usou para realizar sua missão e a maneira como realizou tais ações – e enfrentou todas as situações em sua vida – também foram absolutamente coerentes. Não havia hipocrisia ou contradição entre o que ele dizia e fazia nem no modo *como* agia. Jesus nunca teve de se esconder atrás do princípio de que "os fins justificam os meios", porque se recusava a fazer concessões para alcançar seus objetivos.

Esses seis aspectos de sua vida emanavam do seu âmago e deram-lhe as incomparáveis ferramentas humanas para realizar sua missão na Terra.

Por que nos contentamos com a mediocridade?

A maioria das pessoas raramente consegue ir além da mediocridade. É claro que todos nós adoraríamos ser extremamente bem-sucedidos no trabalho e na vida pessoal. No entanto, pesquisas mostram que 80% das pessoas mudariam de emprego ou de carreira se pudessem. Menos de 5% da população considera sua renda satisfatória. Além disso, são poucos os que conseguem alcançar a independência financeira esperada trabalhando a vida toda. Aos 65 anos, apenas 5% das pessoas são financeiramente independentes. Os outros 95% precisam continuar a trabalhar para chegar até o fim do mês, ou então se tornam dependentes da ajuda de parentes e amigos.

No que diz respeito ao sucesso na vida pessoal, o resultado não é melhor. Ao se casarem, quase todas as pessoas acreditam que permanecerão com seu cônjuge pelo resto da vida. Acham que o amor mútuo e o empenho dos dois farão com que o relacionamento dure por toda a vida. No entanto, pelo menos 52% dos casais se divorciam e a maior parte dos que permanecem casados não considera seu relacionamento ideal.

Por que a mediocridade e o fracasso parecem ser a norma, e não a exceção, para a maioria das pessoas? É claro que existem muitas razões, mas a principal é que aquele 0,1% da população que *realmente* alcança um sucesso extraordinário usa *estratégias* que os outros 99,9% não usam. As pessoas mais bem-sucedidas do mundo têm algumas coisas em comum: um objetivo que guia sua missão; a capacidade de comunicar de forma eficaz sua mensagem; e métodos ou estratégias que ajudam a criar resultados extraordinários. A consequência é que elas *cumprem* suas missões. No entanto, ao contrário de Jesus, muitas pessoas que procuram adotar uma postura que leva ao sucesso não se sentem realizadas nem capazes de promover felicidade para elas mesmas e para os outros. Inúmeras obtêm conquistas extraordinárias no trabalho, mas são vítimas de fracassos devastadores nas áreas da vida em que os mesmos métodos e estratégias não são aplicados.

Se seguirmos o exemplo da vida de Jesus, seremos capazes de alcançar não apenas um sucesso extraordinário, mas também realização e felicidade duradouras. Dessa maneira, poderemos proporcionar bênçãos ilimitadas a nossos familiares, amigos e todos aqueles com quem trabalhamos e a quem influenciamos.

Tudo começa com SIGNIFICADO

Por que Jesus fez o que fez? A maioria de nós sabe *o que* ele fez e é isso o que mais chama a nossa atenção. Porém os motivos são tão importantes quanto as ações. Mas talvez você pergunte: "Como saber quais eram seus motivos?" A resposta é simples: Jesus nos disse. Por que as razões que motivam nossas ações são tão importantes? Porque são o alicerce que imprime força e determinação à nossa missão. Se você já viu a construção de um arranha-céu, sabe que, quanto mais alto o edifício, mais profundo é o buraco no qual o alicerce é colocado. O mesmo vale para a vida. Quanto mais profundos os seus motivos, mais altas e consistentes serão as suas realizações. Quase todos nós temos motivos muito rasos e muitas vezes nem nos damos conta deles. É por isso que são poucos os que realizam algo extraordinário. Construímos vidas medíocres – empregos, carreiras, famílias e casamentos apenas satisfatórios. Por outro lado, as pessoas que têm motivos mais profundos quase sempre obtêm mais sucesso. Quando os motivos dos empreendimentos profissionais são profundos, é possível alcançar resultados extraordinários na carreira. Quando os motivos do casamento e da construção da família são profundos, as uniões e relações familiares são seguras e recompensadoras.

Jesus tinha motivos infinitamente profundos para tudo o que fez – salvar a humanidade e nos aproximar de Deus. Quando teve a oportunidade de abandonar sua missão para salvar a própria vida, permaneceu fiel à missão e sacrificou sua vida. *Nada* o impediria de realizar seu propósito.

Quais são as razões que movem suas ações? Qual é a profundidade delas? No próximo capítulo, você conhecerá os motivos de Jesus e verá como eles forneceram o poder para que ele realizasse o impossível. Depois, aprenderá como descobrir seus próprios motivos – e como criar motivos ainda mais grandiosos e consistentes em cada uma das áreas mais importantes da sua vida.

Jesus não "seguia o fluxo", nem "fazia o que podia" no seu cotidiano. Por ter propósitos claramente definidos, ele sabia exatamente por que se encontrava em determinada situação e para onde estava indo. Hoje, a maioria das pessoas não faz ideia do motivo de estarem em determinado lugar nem do destino para o qual estão rumando. Como um barco à deriva, elas apenas "seguem o fluxo" para qualquer lugar que os rios da vida e da sobrevivência as conduzam. Por não terem descoberto os próprios motivos, elas nunca embarcam em uma missão genuína. E, sem uma missão, terão pouca determinação e poucos objetivos significativos.

Uma mensagem que reflete sua vida e faz com que sua missão avance

Uma comunicação *eficaz não* significa apenas falar ou escrever bem. Ela tem lugar quando o ouvinte ou o leitor *entende* com clareza o que você está dizendo e *sente* o que você está sentindo. A comunicação persuasiva vai mais além, fornecendo um incentivo para que tomemos iniciativas em relação a determinados entendimentos e sentimentos. Gary Smalley diz que uma das reclamações mais comuns, tanto das mulheres quanto dos homens, é que o cônjuge "simplesmente não entende": "Não importa quantas vezes eu diga alguma coisa, ele simplesmente não entende." No entanto a verdade é que, quando a pessoa com quem você está falando "não entende", geralmente a culpa é sua – *você* não conseguiu comunicar de maneira *eficaz* suas necessidades ou seus desejos.

Mas as coisas não precisam ser assim. Sempre que desejava que alguém entendesse o que estava sendo dito, Jesus não tinha problemas para comunicar sua mensagem. E, quando queria motivar as pessoas para que agissem de determinada maneira, ele as *persuadia*, em vez de tentar manipulá-las. No Capítulo 6, analisaremos mais detalhadamente como Jesus conseguia se comunicar de maneira tão eficaz e persuasiva e veremos como aplicar essas mesmas técnicas aos nossos relacionamentos. Até que ponto essas técnicas são eficazes? Usando-as, pude motivar mais de 25 milhões de pessoas a solicitar nossos produtos e serviços. E, a cada vez, eu dispunha de apenas dois minutos para comunicar minhas ideias aos espectadores e persuadi-los a agir. Esse é o poder dessas técnicas.

O fato de Jesus ter sido o comunicador mais eficaz e persuasivo de todos os tempos não significa que todo aquele com quem ele falou tenha feito exatamente o que ele queria. Alguns não *desejavam* conhecer nem responder à sua mensagem. Jesus não estava interessado em manipular essas pessoas. Ele apenas apresentava a verdade como um farol, a fim de revelar os melhores caminhos que podiam seguir. A escolha, no entanto, cabia a elas. Do mesmo modo, há momentos em que, apesar de nos comunicarmos de forma eficaz e persuasiva, a outra pessoa reage de maneira diferente da que esperávamos.

Agindo de *maneira* a refletir seu significado

Se a *maneira* como você age não é coerente com seu significado, sua missão ou sua mensagem, você nunca atingirá o sucesso que poderia alcançar. Em outras palavras, a *maneira* como você faz as coisas é tão importante quanto as *coisas* que faz. Suas ações são tão importantes quanto suas palavras. Da mesma forma, a *maneira* como você diz as coisas é tão importante quanto as *coisas* que você diz. Jesus falava sobre amar o próximo como a si mesmo e sobre amar seus inimigos. Você acha que a mensagem dele teria credibilidade se ele mesmo não amasse o próximo?

Na maioria das vezes, nossas missões e mensagens são ignoradas ou rejeitadas não por não serem válidas e valiosas, mas porque nossas ações e atitudes contradizem a mensagem que proclamamos. Olhando para a vida de Jesus, podemos aprender como ressaltar, destacar e fortalecer nossa missão e nossa mensagem, em vez de nos afastarmos delas ou de interferirmos em sua realização. À medida que incorporar à sua vida as atitudes e ações de Jesus, você será capaz de influenciar, libertar e amar o próximo em um nível nunca antes vivenciado.

Em 1969, fiz amizade com um colega da Universidade do Estado do Arizona, Jim Shaughnessy. Jim e eu éramos tão diferentes quanto o dia e a noite. Ele era jogador de futebol americano e eu não tinha qualquer talento esportivo. No entanto ele é meu melhor amigo há mais de 40 anos. Dentre outras qualidades, Jim é a pessoa mais carinhosa e generosa que conheço. Ele é capaz de fazer com que todos que convivem com ele, a despeito da idade e das circunstâncias, se sintam especiais. Como resultado da maneira como ele trata os outros, deve haver pelo menos umas mil pessoas em todo o mundo que apontariam Jim como seu melhor amigo. Observando-o lidar com as crianças, aprendi a expressar amor por meus filhos com gestos que, de outra forma, eu nunca teria conhecido. Observando-o fazer com que pessoas totalmente estranhas se sintam valorizadas, aprendi a tratar todos que cruzam meu caminho. Sua *maneira* de amar o próximo é tão exemplar que, quando quero que uma pessoa se sinta amada e valorizada, penso comigo mesmo: como Jim agiria nessa situação?

Mas, por melhor que seja o exemplo de meu amigo, nada se compara ao exemplo de Jesus.

Criando resultados milagrosos em um tempo mínimo

Como já disse, fui demitido de meus primeiros oito empregos após a faculdade. Abri duas empresas e fracassei. Por mais que tentasse, não conseguia ser bem-sucedido. Mas em meu nono emprego, com o auxílio do meu mentor, pude criar uma campanha publicitária televisiva que fez as vendas anuais do meu empregador dobrarem nos três meses em que trabalhei para ele. E, por fim, meu mentor e eu abrimos uma firma que acabou se transformando em mais de uma dezena de empresas de imenso sucesso. Meu "índice de acertos" se tornou mais alto do que o de qualquer outra empresa de marketing direto televisivo no mundo. Minhas campanhas geraram mais de 25 milhões de telefonemas. Em uma única campanha, meus comerciais produziram mais de 125 mil ligações por semana. Qual foi a diferença entre todos os meus fracassos e os incríveis sucessos que os sucederam? A resposta é simples: nos primeiros oito empregos e em minhas primeiras duas empresas, usei métodos ou estratégias que *não* funcionavam. Nos empregos número nove e dez, usei métodos e estratégias eficazes.

A maioria das pessoas usa métodos que *não* funcionam. Como resultado, elas ficam atoladas na repetição dos mesmos procedimentos. Tanto na vida profissional quanto na pessoal, ocorre pouca (ou nenhuma) melhora significativa. E, o que é pior, elas persistem nos mesmos métodos. Talvez procedam com mais empenho ou coerência, mas os métodos permanecem os mesmos. *Fazer a mesma coisa muitas vezes nunca resulta em mudança.* A única maneira de provocar uma melhora significativa é usar estratégias diferentes e substancialmente mais eficazes. Os métodos que Jesus usou são os mesmos que contribuíram de forma inestimável para o meu sucesso.

Ser *guiado* por propósitos não é suficiente

Um dos melhores e mais bem-sucedidos livros publicados nos últimos anos é *Uma vida com propósitos*, de Rick Warren. O livro ilustra com clareza a futilidade de passar pela vida sem objetivo e articula de forma maravilhosa os motivos e os benefícios de uma vida guiada por propósitos de verdadeiro valor. Aprendi muito com esse livro e o recomendo a todos que conheço.

Embora concordasse com a necessidade de levar uma vida guiada por propósitos, Jesus não oferecia recompensas ou elogios a quem agisse assim. Ele dava muito mais valor a quem realmente *realizava* seus propósitos. Ele ensinava que uma pessoa deve ser julgada não apenas por suas palavras ou esforços, mas, como uma árvore, pelo "fruto" que sua vida efetivamente produz.

Como empregador, não quero que meus funcionários apenas *tentem* gerar resultados extraordinários – quero que eles efetivamente gerem tais resultados. Não quero que minha assistente *tente* fazer com que as pessoas que nos telefonam se sintam bem-vindas, quero que ela realmente faça com que as pessoas se sintam mais acolhidas e valorizadas do que esperavam. E é exatamente isso o que ela faz. O mesmo vale para o meu casamento e o relacionamento com meus filhos. Não quero apenas *tentar* ser um bom marido e um bom pai, quero *ser* o melhor marido que uma mulher poderia ter e o melhor pai que meus filhos poderiam imaginar. Sim, quero ser guiado por uma missão, mas, sobretudo, quero que essa missão seja cumprida. Jesus foi o exemplo supremo de uma vida de "missões cumpridas". Do início ao fim de sua vida, as adversidades que ele enfrentou teriam feito qualquer um desistir. Quando estudamos *como* ele superou essas adversidades e o que fez para cumprir suas missões, vemos exemplos transformadores que podemos aplicar à nossa própria vida. Querendo ou não, os outros nos julgarão em última instância pelos objetivos que efetivamente atingimos. Porém, muito mais importante do que a maneira como nos julgam é a satisfação suprema que vivenciamos quando *realizamos* o que nos propusemos a fazer. E essa realização é algo que título, dinheiro ou elogio algum podem substituir.

A COMPREENSÃO TRANSFORMA MENTES, A AÇÃO TRANSFORMA VIDAS

1. Crie uma lista das áreas mais importantes da sua vida.
2. Classifique-as de acordo com a prioridade que você dá a cada uma delas.
3. Agora classifique-as segundo a prioridade que você acha que elas *devem* ter.

CAPÍTULO 4

SIGNIFICADO que estimula: encontrando os seus motivos

"É como um homem que, ao construir uma casa, cavou fundo e colocou os alicerces na rocha. Quando veio a inundação, a torrente deu contra aquela casa, mas não a conseguiu abalar, porque estava bem construída." – Jesus (Lucas 6:48)

Em 4 de julho de 1776, as colônias americanas declararam independência da nação mais forte do mundo. As colônias americanas quase não tinham dinheiro para abastecer suas minúsculas forças armadas. No entanto, mesmo sabendo que a ação resultaria na invasão de suas casas e de sua terra natal por parte do maior exército e da maior marinha do mundo, os habitantes corajosamente decidiram seguir seu próprio caminho e declarar a independência. De início, a Inglaterra acreditou que podia esmagar os levantes americanos em questão de semanas, com perdas mínimas. Mas os britânicos estavam enganados. Cinco exaustivos anos mais tarde, as forças armadas mais poderosas do mundo foram derrotadas por uma pequena força militar desordenada. Como isso pôde acontecer?

Durante quase 50 anos, cientistas e engenheiros em todo o mundo se empenharam em criar a primeira lâmpada elétrica funcional do mundo, que emitisse luz suficiente e, ao mesmo tempo, durasse um período razoável. Thomas Edison e sua pequena equipe de engenheiros e técnicos dedicaram-se à invenção de uma lâmpada elétrica funcional durante três anos. Como foi possível realizar em três anos o que os principais cientistas e engenheiros do mundo não haviam sido capazes de fazer em 50?

Quando James J. Braddock desafiou o campeão mundial dos pesos pesados, Max Baer, praticamente ninguém acreditava que Braddock pudesse vencer. Na verdade, a maioria das pessoas temia por sua vida. Baer era mais jovem, mais forte e tão poderoso no ringue que dois de seus adversários tinham morrido em decorrência das lesões cerebrais causadas por seus golpes. Braddock, por outro lado, era um humilde boxeador das antigas que nunca havia lutado com ninguém do calibre de Baer. Acometido por artrite, Braddock era considerado um azarão pelos apostadores, numa proporção de 10 para 1.

Porém, na noite de 13 de junho de 1935, o mundo esportivo e a plateia de 30 mil fãs de boxe ficaram chocados quando Braddock venceu uma luta de 15 assaltos e se tornou o campeão mundial dos pesos pesados. Como ele conseguiu isso?

A resposta a essas três histórias "improváveis" é a mesma. O exército e a marinha dos Estados Unidos, mesmo sendo inferiores, derrotaram a Grã-Bretanha porque o motivo dos americanos era infinitamente mais profundo do que o motivo das forças britânicas. Os americanos estavam lutando pela independência e pela sobrevivência deles mesmos e de suas famílias, ao passo que os britânicos estavam a 5 mil quilômetros de casa, lutando por um rei que vivia em meio ao luxo em Londres. Sua terra natal e suas famílias não estavam ameaçadas. A única coisa em jogo para eles era a soberania do Império Britânico.

O motivo de Thomas Edison também era muito mais profundo e decisivo do que os motivos dos engenheiros e cientistas que o precederam. Todos eles estavam simplesmente tentando inventar uma lâmpada, ao passo que Edison estava tentando inventar um dispositivo que criasse uma demanda universal por energia elétrica – que ele tinha intenção de fornecer a todas as casas, fazendas, fábricas e escritórios. Sua lâmpada elétrica era um meio para atingir um fim muito maior que, ele sabia com certeza, transformaria o mundo.

E o motivo de James Braddock também era muito mais profundo e forte do que o de Max Baer. Baer estava apenas lutando para manter seu título. Ganhando, perdendo ou empatando, ao final da luta ele voltaria para sua mansão e continuaria a aproveitar os benefícios do sucesso que obtivera no passado. Quando os repórteres perguntaram a Braddock por que ele estava lutando, sua resposta foi simples: "Leite." Seus filhos viviam na pobreza e ele não tinha dinheiro suficiente para comprar comida para a família. Em outras palavras, ele não estava lutando em busca de fama, glória ou uma recompensa mais alta. Estava lutando pela sobrevivência da própria família.

Em Lucas 6:48, Jesus nos conta que, se um alicerce é firmado a uma profundidade suficiente em uma rocha, a estrutura construída sobre esse alicerce suportará qualquer tempestade. Em outras palavras, quanto mais profundos e sólidos forem os motivos básicos de uma pessoa, maior será a certeza do sucesso de sua empreitada.

Como você verá no próximo capítulo, as missões que Jesus empreendeu foram as mais difíceis jamais realizadas por qualquer pessoa. Além disso, os adversários fizeram todo o possível para sabotar seus esforços. Mas as missões de Jesus estavam assentadas em motivos tão profundos construídos sobre uma rocha tão sólida que não era possível detê-lo ou derrotá-lo.

Os motivos sobre os quais Jesus construiu sua vida e suas missões

Quando alguém me fala que está iniciando um projeto, geralmente pergunto: "Qual é seu motivo para fazer isso?" Na maioria das vezes, um olhar vazio se estampa no rosto das pessoas e elas indagam o que quero dizer com "seu motivo". Depois que explico, geralmente recebo respostas superficiais como: "Acho que é porque quero ganhar mais dinheiro." Jesus nunca foi tão vago ou superficial. Vamos ver alguns dos motivos que o levaram a empreender suas missões.

Os motivos de Jesus

- Ele era comandado por Deus para fazer e dizer o que fazia e dizia
- O amor por seu Pai e o desejo de obedecer e agradar a Ele
- O desejo de "glorificar" Deus para toda a humanidade
- Seu amor pela humanidade
- Seu desejo de dar vida eterna a seus seguidores
- Seu desejo de servir a humanidade e sacrificar a própria vida para o resgate de todos os seres humanos
- Seu desejo de completar o que ele sabia que era a obra de Deus na Terra

Ao examinar os motivos de Jesus, você percebe que as razões que movem a maioria de nós não se encontram nessa lista. Nela, não há dinheiro, bens materiais, satisfação sexual nem aprovação e aclamação alheia. Em momento algum você vê uma ponta de autogratificação. Até mesmo o medo da morte está ausente.

Ao examinar a natureza dos motivos de Jesus, fica claro *como* ele pôde realizar suas "*missões impossíveis*" apesar das tentações e das adversidades enfrentadas. Quando Pilatos perguntou "Sabe por que tenho poder para crucificá-lo e libertá-lo?", Jesus respondeu: "Você não pode ter poder algum contra mim, a menos que ele lhe tenha sido concedido lá de cima." Jesus poderia ter abandonado sua missão e salvado a própria vida em qualquer momento. Mas seus motivos eram profundos demais – e ele não sentiu a menor tentação de desistir. Será que Jesus estava ansioso pela terrível execução que viria a sofrer? Claro que não. Se houvesse alguma outra maneira de cumprir sua missão, certamente ele a teria escolhido com prazer. Sua única opção era cumprir sua missão plenamente ou abandoná-la por completo e seus *motivos* forneceram-lhe o necessário para levá-la a cabo.

O que seus motivos podem significar para você

Para realizar as tarefas cotidianas, a maioria de nós não precisa de um motivo, mas apenas de uma lista de coisas a fazer ou de uma agenda. Mas, para realizar um projeto maior ou uma missão de vida, precisamos de um motivo. Isso porque nossos níveis de energia, criatividade, produtividade, perseverança e paixão serão todos determinados e reforçados por nosso motivo. Quanto maior, mais difícil e mais demorada for a nossa missão, mais profundo deverá ser o nosso motivo, para que possamos atingir o objetivo com sucesso. Por outro lado, missões menos difíceis e de prazo mais curto não necessitam de um motivo mais profundo. Aqui estão vários motivos, apresentados de acordo com seu nível de profundidade:

1. ***Gratificação pessoal.*** Esse motivo nasce do nosso desejo de satisfazer as necessidades, desde anseios românticos até a paixão por um hobby, um projeto ou um relacionamento. É o motivo mais comum em nossa vida pessoal e no trabalho, mas é também o menos estável e libertador. Gera vários comportamentos positivos, mas também negativos. E evapora rapidamente ante a menor adversidade.
2. ***Dinheiro e bens materiais***. Esse é outro motivo comum para a maioria de nós. É o que impulsiona muitas carreiras e também influencia ou determina várias decisões ou prioridades em nossa vida pessoal. Gera mais ímpeto e empenho do que a gratificação pessoal, mas não produz o tipo de comprometimento que nos ajuda a superar as adversidades.

3. ***Aprovação ou "aplauso" dos outros***. Esse é um dos maiores motivos para crianças e adultos. Na primeira infância, procuramos desesperadamente a aprovação e o aplauso de nossos pais. Na adolescência, a necessidade de aprovação e aplauso de nossos colegas começa a substituir a necessidade de aprovação dos pais. E, para muitos adultos, essa aprovação externa continua sendo o motivo mais forte de sua vida. Trabalhei com vários dos artistas mais famosos dos Estados Unidos. Para muitos deles, esse é o motivo *principal* de sua vida. É o que os impele ao sucesso, mas, ao mesmo tempo, faz com que se sintam terrivelmente inseguros.
4. ***Medo do fracasso, de críticas, das consequências, da perda***. O medo é uma das forças motivacionais mais fortes do nosso comportamento. É sem dúvida um motivo mais poderoso do que os três primeiros descritos acima. Mas, embora possa criar resultados de curto prazo significativos, o medo também pode produzir consequências de longo prazo muito negativas. Quando o motivo é o medo, o estresse criado por ele é destrutivo tanto para nós quanto para nossos relacionamentos e pode corroer nossa eficácia de longo prazo.
5. ***Nosso instinto de sobrevivência***. Essa é uma das maiores forças que existem para garantir nossa sobrevivência diante do perigo ou para que consigamos atingir um *único* objetivo. No entanto, trata-se de um motivo medíocre para alcançar metas de longo prazo. Como a maioria dos medos, o instinto de sobrevivência pode estimular uma pessoa a realizar uma tarefa específica, mas *não* da maneira mais produtiva e benéfica. Esse tipo de motivo é guiado pela mentalidade do "custe o que custar" e certamente não produzirá um modelo para realizações futuras nem criará um padrão de realização capaz de promover excelência para o resto da vida.

6. ***Realização pessoal***. Trata-se do primeiro motivo básico ancorado mais profundamente na rocha. Esse *motivo* é diferente da autogratificação. Quando incorporado ao nosso ser interior, o desejo de fazer o bem em nossa vida ou em nossa carreira pode fomentar uma vida de realizações. Cada vez que completamos uma missão, a satisfação que sentimos nos impele para o sucesso na próxima. Quanto mais realizamos e quanto mais nos superamos, mais esses aspectos se tornam parte integrante da nossa pessoa. Thomas Edison desenvolveu uma técnica específica para instilar em si mesmo, em sua equipe e em todos os seus projetos um poderoso impulso de realização pessoal. Examinaremos detalhadamente essa técnica adiante.
7. ***Amor***. Esse motivo está ancorado em um nível ainda mais profundo do nosso leito de rocha. Mas o tipo de amor ao qual me refiro *não* é o amor sexual ou romântico. Na maioria das vezes, quando pensamos em amor, pensamos em um sentimento. No entanto, o amor sentimento muitas vezes é construído sobre areia, em vez de ser ancorado em uma rocha. O tipo de amor do qual estou falando pode ser definido como um compromisso total para honrar e valorizar o outro. Esse tipo de amor nos dá força para fazer o que for necessário a fim de completarmos uma tarefa da melhor maneira possível.
8. ***Família***. As relações familiares são extremamente variadas. Elas vão de relacionamentos amorosos e compromisso a vínculos doentios e nocivos. Quando estamos realmente empenhados em amar nossa família, ela pode se tornar um dos motivos mais poderosos e estimulantes para obtermos conquistas de longo prazo da melhor maneira possível.
9. ***Conexão com Deus***. Quando estão realmente conectadas com Deus, as pessoas tentam servi-Lo com um coração

amoroso, dedicado e obediente. Esse é, sem dúvida, o motivo mais solidamente ancorado que conheço para levar adiante uma missão e obter conquistas extraordinárias. Muitas pessoas se consideram religiosas, mas são poucas as que *põem em prática* essa fé e essa noção de propósito. Trata-se de um amor caracterizado não por um sentimento, mas por um compromisso da mente e do coração determinados a levar cotidianamente uma vida coerente com a própria fé.

Em 1976, o homem de negócios que eu mais admirava, Bob Marsh, me convidou para ser seu sócio em uma nova empresa de marketing. Nosso primeiro projeto foi o Acne Staten, o produto que Pat Boone me tinha proposto. Se aquela empreitada desse certo, Bob e eu teríamos a oportunidade de construir juntos uma grande empresa que poderia mudar nossas vidas. Por outro lado, se o projeto fracassasse, Bob correria o risco de perder sua empresa de mídia, sua casa e tudo o que levara a vida toda para construir. Para completar, todos os seus funcionários também ficariam desempregados. Se fracassássemos, eu perderia meu "novo emprego" e a maior oportunidade comercial da minha vida. Mas não era isso que me estimulava. Eu me sentia *realmente* estimulado por um único motivo: eu amava Bob Marsh! Ele era como um segundo pai para mim. Estava apostando tudo o que tinha em mim e na minha capacidade de criar um anúncio de televisão de dois minutos que fosse um sucesso, que pudesse vender uma quantidade suficiente do nosso produto para pagar o espaço comprado na televisão e gerar lucro para desenvolver nossa nova empresa. Mais do que tudo no mundo, eu queria fazer uma jogada perfeita que o recompensasse pelo amor e pela confiança que me demonstrou.

Esse motivo foi suficientemente profundo para guiar a mim e meus sócios rumo ao sucesso durante os primeiros 20 anos da nossa empresa. Mas quando Bob se tornou menos ativo e se aposentou, o poder daquele motivo começou a se dissipar. Meus motivos se tornaram mais superficiais – gratificação pessoal, admiração dos meus sócios e dinheiro. Depois que Bob deixou a empresa, ainda fiz grandes jogadas, mas comecei a errar cada vez mais. Como uma jogada certa gerava lucro suficiente para compensar várias jogadas erradas, nossa empresa cresceu, mas com altos e baixos.

Então, em 1995, a empresa sofreu dois desastres de marketing que nos levaram à beira do colapso. Perdemos quase tudo e só tínhamos dinheiro suficiente para tentar um último projeto. Se aquele projeto fracassasse, fecharíamos as portas e cada um dos sócios perderia quase tudo o que possuía. Pior ainda: nós, que formávamos uma verdadeira família, perderíamos a oportunidade de continuar trabalhando juntos. Fizemos então uma reunião na qual cada um dos sócios apresentou seis possíveis projetos. Ouvi a pergunta fatídica:

– Qual deles você quer levar adiante?

– Se tornarmos o Total Gym mais atraente, leve e dobrável a ponto de caber debaixo de uma cama, se o entregarmos totalmente montado para os consumidores e se conseguirmos Chuck Norris e Christie Brinkley para o comercial, escolho o Total Gym – respondi.

Conseguimos realizar tudo isso e eu escrevi e produzi o primeiro comercial do Total Gym em 1996. Veiculamos a propaganda em várias emissoras de televisão. As vendas foram decepcionantes e insuficientes para que assumíssemos o risco de lançar o produto em uma campanha nacional. Parecia que estávamos fadados ao fim. Mas não *podíamos* deixar a empresa morrer. Nossos motivos estavam profundamente ancorados em uma rocha de amor mútuo. Um dos meus sócios, Dave Marsh, apresentou duas ideias radicais de marketing. Passamos seis meses testando e verificando a eficácia das ideias de Dave – e ambas funcionaram! Nosso fracasso se transformou em um imenso sucesso. *Esse* é o poder de um motivo erigido sobre alicerces ancorados com profundidade na rocha. E o *amor* é um dos motivos básicos mais profundamente alicerçados.

Descobrindo os *seus* motivos e criando motivos mais profundos

Quais são os motivos que guiam sua carreira, seu desempenho no trabalho, seu casamento, seu relacionamento com os filhos e com o mundo em um sentido mais amplo? Eles são suficientemente profundos? Estão ancorados na rocha? No final do capítulo, apresento um exercício que se propõe a ajudá-lo a identificar seus motivos. Após descobrir seu motivo para um aspecto específico da sua vida, para uma missão ou um projeto, pergunte a si mesmo se é possível aprofundá-lo. Se não for possível e se o motivo parecer raso e superficial, pense em substituí-lo por outro mais significativo e sólido.

Durante mais de 30 anos, uma das minhas funções na nossa empresa foi pesquisar produtos "revolucionários" cujos direitos de comercialização pudéssemos adquirir. Depois de adquirirmos os direitos, eu criava uma estratégia de marketing, contratava uma grande celebridade para ser o porta-voz do produto e, depois, produzia anúncios de televisão para vendê-lo a milhões de pessoas. Ao longo da minha carreira, um dos motivos que guiou meus esforços nos negócios foi a realização pessoal. Eu adorava fazer as jogadas certas e odiava cometer erros. Mas, em 2006, tudo isso mudou para mim.

Enquanto trabalhava em um projeto paralelo (comercializando um software que protege as crianças de pedófilos e pornografia na internet), conheci um dos principais pesquisadores do mundo na área médica. Durante nossa conversa, ele me disse ter desenvolvido um suplemento nutricional que oferecia benefícios extraordinários no combate ao envelhecimento e na manutenção da saúde. Comecei a usá-lo e constatei, em algumas semanas, uma diferença significativa no meu nível de energia. Eu sabia que tinha encontrado meu próximo produto. Abrimos uma nova empresa, a Max International, para comercializá-lo. Àquela altura, meu motivo era o mesmo dos meus outros empreendimentos, ou seja, a realização pessoal. Eu via aquele produto como uma grande jogada de marketing em potencial.

O marido da minha assistente, um excelente jogador de beisebol, aposentou-se aos 37 anos. Aos 40, ele desenvolveu várias enfermidades relacionadas a inflamação celular, o que limitou seriamente sua atividade física. Seu nível de energia era tão baixo que ele dormia o dia todo e ficava acordado à noite. Por três anos, não teve energia para nada e dizia que, em uma escala de 1 a 10, sua qualidade de vida estava abaixo de 1. Três meses depois de ter começado a tomar o suplemento, apresentou resultados surpreendentes. Seu nível de energia cresceu extraordinariamente e ele se tornou um novo homem, a ponto de me dizer que estava se sentindo melhor aos 44 anos do que aos 24. Alguns meses mais tarde, estava jogando beisebol, com um desempenho magnífico, e foi um dos responsáveis pela vitória de seu time no campeonato estadual amador de beisebol.

Aquela experiência mudou completamente meu motivo. Àquela altura, tínhamos apenas umas poucas centenas de pessoas usando o produto. No entanto eu presenciara uma transformação quase milagrosa. Pensei comigo mesmo: quantas outras vidas seriam radicalmente transformadas se levássemos esse produto até as massas? O que era apenas uma maravilhosa oportunidade comercial tornou-se uma causa. Meu motivo não era mais a realização pessoal, mas a transformação da qualidade de vida das pessoas. Nos meses seguintes, continuamos a ouvir outras histórias surpreendentes. As pessoas estavam sentindo um aumento de energia e concentração, além de se recuperarem mais depressa de exercícios físicos e com muito menos dor. A lista de benefícios parecia aumentar a cada mês. Por fim, meu motivo se tornou tão amplo e profundo, tão irresistível, que me retirei da empresa que havia fundado em 1976 e que me trouxera grandes benefícios financeiros. Por quê? Porque meu novo motivo estava ancorado com muito mais profundidade no leito de rocha do meu coração. Tornar o suplemento conhecido pelo público não era apenas uma questão de sucesso pessoal – era uma maneira de fazer uma diferença significativa na vida de milhões de pessoas.

Você não precisa encontrar um "produto milagroso" para aprofundar seus motivos

Qualquer motivo na vida pode ser aprofundado ou trocado por outro mais poderoso se usarmos a mesma técnica que usou Thomas Edison. Além de criar a lâmpada, Edison inventou uma maneira eficaz de gerar energia e distribuí-la até nossas casas. Criou a gravação sonora e o cinema, e patenteou o sistema moderno de fabricação de cimento. No total, ele criou mais invenções revolucionárias patenteadas do que qualquer outro indivíduo em todos os tempos. Qual era seu segredo para alcançar tamanho sucesso? Era a técnica para descobrir e aprofundar seus motivos.

Edison começava com uma visão clara do que queria realizar em um projeto (ou uma missão). Para fazer isso, ele descrevia o que queria criar – e o que aquilo deveria realizar – em uma página do seu diário. Depois, fazia na mesma página pequenos desenhos daquela ideia. Edison realizava pouca pesquisa "pura" – pesquisa apenas para descobrir uma verdade científica. Suas invenções e seus avanços tinham por objetivo criar uma máquina, um dispositivo ou um processo que pudesse mudar e melhorar nossa vida. O próximo passo era o que chamo de "aprofundamento" dos motivos. Ele fazia uma lista detalhada de todas as ramificações amplas da realização de sua missão. Se a ideia ou a descrição do projeto raramente ocupava mais de uma única página, sua lista de ramificações amplas em geral se estendia por várias páginas. Eis minha paráfrase de suas páginas de "ramificações amplas" para sua missão de criar uma lâmpada funcional e acessível:

> Se eu criar uma lâmpada elétrica funcional, duradoura e acessível, todos os lares, fábricas, escritórios e fazendas nos Estados Unidos vão querer substituir as lâmpadas a querosene e a gás, perigosas e de difícil manutenção, por lâmpadas elétricas. Se todos os lares, fábricas, escritórios e fazendas nos Estados Unidos quiserem lâmpadas elétricas, serão necessárias linhas de transmissão de energia elétrica para acendê-las e mantê-las ligadas, permitindo-me criar o meio para gerar essa energia. E quando tiverem energia elétrica em casa e no escritório para acender as lâmpadas elétricas, as pessoas vão se interessar por outros aparelhos, ferramentas e máquinas movidos a eletricidade para reduzir o trabalho e aumentar a eficiência e a produtividade, permitindo que eu invente esses dispositivos elétricos. Se eu puder fornecer lâmpadas e máquinas movidas a eletricidade, além de energia elétrica, nossa vida nos Estados Unidos vai mudar. Depois, poderei replicar esse processo na Europa, na Ásia, na África e na América do Sul.

Ao aprofundar seu motivo, Edison, em vez de apenas criar a lâmpada elétrica, viu uma maneira de usar aquela invenção como um trampolim para transformar a vida no século XX, levando a energia elétrica a todos os lares, fazendas, fábricas e escritórios do mundo. Além de alimentar a própria paixão e a paixão da sua equipe e dos seus investidores, esse motivo mais amplo e profundo deu a ele determinação para nunca desistir, a despeito de fracassos ou adversidades enfrentados.

Podemos aplicar essa mesma técnica a qualquer empreendimento importante em nossa vida. Por exemplo, quando planejamos o lançamento de uma série de vídeos sobre habilidades de estudo, nosso motivo inicial era econômico. Criamos três programas: um para alunos do ensino fundamental, um para alunos do ensino médio e outro para alunos do ensino superior. Na época, minha filha foi afastada da equipe de líderes de torcida da escola do ensino fundamental porque sua média no trimestre tinha sido inferior ao mínimo necessário para se manter na equipe. Quando eu lhe disse para reservar três horas para assistir ao vídeo do programa, ela respondeu:

– Papai, quando você vai entender que sou uma atleta e uma artista, não uma estudante?

– E quando você vai entender que eu sou seu pai? – retruquei.

Ela foi então para o quarto e assistiu ao vídeo. Três horas mais tarde, veio ao meu encontro e disse:

– Nunca mais vou tirar notas baixas nas provas. Só vou tirar 10!

Perguntei o que tinha acontecido. Ela respondeu:

– Agora sei o que meus professores querem e como posso satisfazê-los.

O professor que criou aquela série me disse que era capaz de transformar um aluno com média 5 em um aluno com média 10 em apenas um semestre. A afirmação de minha filha me fez acreditar nele. Em um único trimestre, a média dela passou de 6 para 9.

Na semana seguinte, listei as ramificações amplas do sucesso da nossa série de vídeos. Nossos motivos, que eram meramente econômicos, se transformaram no desejo de fazer uma diferença incalculável na vida de milhões de estudantes. Isso gerou um comprometimento muito mais profundo, poderoso e sustentável em todos nós. Se aquela série simples conseguira transformar minha filha em uma aluna confiante e bem-sucedida, qual poderia ser o resultado para outros estudantes com baixo aproveitamento? E se tivessem mais êxito na vida acadêmica, que diferença aquele programa faria na vida deles quando fossem adultos? Minha filha, por exemplo, cursou o ensino médio, formou-se na faculdade e fez mestrado.

Depois de aprofundar nossos motivos, nos empenhamos em fazer com que o projeto funcionasse. Recrutamos dois astros da TV para se tornarem nossos porta-vozes. O programa fez um sucesso inacreditável e milhões de vidas foram transformadas para sempre. Um jogador de futebol americano universitário que assistiu ao seminário não apenas melhorou as próprias notas, mas seguiu a diretriz de criar uma pequena empresa *antes* de se formar, para aprender e aprimorar técnicas empresariais. Abriu uma loja para vender roupa íntima esportiva para seus colegas atletas. Quando ele se formou, a empresa, que se chama Under Armor, já era lucrativa. Hoje, ele é um dos homens mais ricos dos Estados Unidos.

Maridos e mulheres podem fortalecer seus motivos emocionais listando as ramificações de um casamento amoroso e mutuamente satisfatório e comparando-as com as consequências de um casamento fracassado. Seu motivo para criar um casamento bem-sucedido vai se aprofundar de maneira radical, reduzindo drasticamente o risco de fracasso ou divórcio. Esse exercício simples só exige alguns minutos por dia, mas pode produzir comprometimento, criatividade e perseverança capazes de gerar sucesso duradouro para qualquer pessoa.

O que você mais preza

Quais são nossos maiores motivos, aqueles que constituem a base ou o âmago de quem somos? No Novo Testamento, Jesus revelou que tinha dois motivos fundamentais que serviam de base para todos os outros. Eles faziam literalmente parte das fibras do seu ser. Primeiro, havia sua relação única e perfeita com Deus, seu Pai celestial. Seu segundo motivo fundamental emanava de *quem* ele era. Jesus afirmava ser a luz do mundo, o pão da vida, a satisfação literal das leis morais de Deus. Ele disse: "*Eu* sou o Caminho, a Verdade e a Vida" (João 14:6). Essa crença dava força às suas missões, mensagens, ações e lições. Emanava *naturalmente* dos valores centrais que definiam quem ele era.

Sendo assim, quais são *nossos* motivos fundamentais?

Algumas pessoas optam por tentar estabelecer um relacionamento pessoal com Deus. Outras se concentram em sua família, em seus semelhantes ou em seu próprio aprimoramento. Alguns de nossos valores centrais são nobres, outros são egoístas. Sejam quais forem seus valores centrais, saiba que seus motivos poderão sustentar, ou não, todos os aspectos de sua vida. A maneira como você cumpre uma tarefa no trabalho ou o modo como você cria e orienta seus filhos refletirá os valores centrais que você mais preza, ou a falta deles. Nos dias e semanas após 11 de setembro de 2001, muitas pessoas reavaliaram seus próprios valores. Algumas perceberam pela primeira vez como a vida na Terra é curta. Passamos a olhar para nossa família, nossa carreira e nossas prioridades sob uma nova luz. Porém, com o tempo, acabamos esquecendo as prioridades determinadas por aqueles sentimentos, decisões e compromissos. A lição permanente da vida de Jesus é que os valores sobre os quais baseamos nossa vida cotidiana causam inevitavelmente impacto no nosso futuro e nas esperanças das pessoas que amamos. Por isso é tão importante que cada um de nós descubra os próprios motivos, aprofunde-os e procure uma maneira de transformá-los em motivos que reflitam quem somos, quem queremos ser e o que desejamos realizar.

O que você quer? O que você mais preza?

Ao longo dos anos, descobri que as pessoas dizem rapidamente o que amam e o que odeiam. Mas se perguntarmos o que *querem*, elas terão de parar e pensar a respeito. Podem falar sem dificuldade em termos gerais – mais dinheiro, um casamento mais feliz, um desempenho melhor nos esportes, um emprego melhor e assim por diante. Contudo, poucas pessoas revelarão desejos específicos, isso porque nunca pararam para pensar a respeito. Por exemplo, em se tratando da carreira, não sabem dizer onde querem estar dentro de três, cinco ou 10 anos. E, sem um destino específico, certamente não têm uma rota ou um planejamento para chegar a algum lugar. Por outro lado, os grandes realizadores – aqueles que lutam por seus sonhos impossíveis e os concretizam – sabem exatamente aonde querem ir e como chegar lá. Eles costumam criar um mapa e um cronograma para atingir cada objetivo intermediário ao longo do caminho.

Quando pergunto a homens ou mulheres de negócios o que eles mais prezam, a resposta quase sempre é: a família, os amigos ou a própria saúde. Mas existe um verdadeiro fosso entre o que eles *dizem* e o que *fazem*. Em geral, as prioridades cotidianas das pessoas – as coisas sobre as quais elas pensam, a maneira como agem e como usam o próprio tempo – *não* refletem os valores declarados nem as ajudam a concretizar o que elas mais afirmam querer. Quase sempre, obedecem às exigências e prioridades dos outros ou à lei do menor esforço – elas "seguem o fluxo". Quando nossas atividades diárias não refletem nossos valores e esforços para alcançar o que *realmente* queremos, chegamos ao fim de nossos dias, semanas e anos frustrados e insatisfeitos. Ao analisar a vida de Jesus, você descobrirá que suas palavras, ações e atividades diárias refletiam com perfeição o que ele mais prezava. Isso lhe permitia aproveitar ao máximo cada minuto de sua vida. Consequentemente, ele não precisava lutar contra o estresse interior, nem se sentia deprimido ou ansioso por causa de tarefas não realizadas. Em vez disso, experimentava o verdadeiro contentamento e a satisfação de trabalhar com uma noção clara do seu propósito. Sua vida cotidiana estava em perfeita harmonia com seus motivos.

Para obter níveis maiores de realização, contentamento e satisfação, precisamos encontrar os motivos que fundamentarão e sustentarão nossas ações e nosso trabalho. Vivemos na era mais avançada, culta e civilizada de todos os tempos. Temos mais riqueza, saúde e bens materiais do que qualquer outro povo na história. No entanto consumimos mais antidepressivos e antiácidos e gastamos mais tempo do que nunca nos consultórios de terapeutas. Ao descobrir e aprofundar nossos motivos, teremos a oportunidade de alinhar nossa vida pessoal e nossa carreira aos nossos valores. Assim, seremos mais bem-sucedidos em tudo – o estresse diário diminuirá e a depressão será substituída por satisfação e alegria. Em João 10:10, Jesus disse que uma de suas missões era nos proporcionar uma vida mais satisfatória do que seríamos capazes de alcançar sozinhos. Ele afirmou: "Eu vim para que tenham a vida e a tenham em abundância." Entre uma vida abundante e satisfatória e uma vida de mediocridade e descontentamento, qual você escolheria?

A COMPREENSÃO TRANSFORMA MENTES – A AÇÃO TRANSFORMA VIDAS

Identificando e aprofundando seus motivos

1. Gratificação pessoal
2. Dinheiro e bens materiais
3. Aprovação ou "aplauso" dos outros
4. Medo do fracasso, de críticas, das consequências, da perda
5. Nosso instinto de sobrevivência
6. Realização pessoal
7. Amor
8. Família
9. Conexão com Deus

O que você quer? O que você mais preza?

1. A lista acima apresenta alguns dos motivos que fundamentam e guiam nosso comportamento e, em última instância, determinam o nível de sucesso, importância e satisfação que alcançamos em qualquer empreendimento ou projeto.
   a. Use essa lista para identificar os motivos *atuais* para seus empreendimentos ou projetos.
   b. Você pode usá-la para avaliar os projetos que lhe são mais caros e aqueles nos quais você quer obter mais sucesso.
   c. Você pode usar essa mesma lista para avaliar o que o estimula nas áreas mais importantes de sua vida, priorizadas no exercício do Capítulo 3.
2. Como você pode aprofundar os motivos dos seus empreendimentos e projetos mais importantes e das áreas da sua vida relacionando-os aos itens 6, 7, 8 e 9 da lista?
3. Escreva as "ramificações amplas" do sucesso – e do fracasso – dos empreendimentos, projetos ou áreas mais importantes da sua vida.

CAPÍTULO 5

A noção de MISSÃO nos faz chegar aonde queremos e nos transforma em quem desejamos ser

"Eis que vos envio como ovelhas entre lobos. Por isso, sede prudentes como as serpentes e sem malícia como as pombas."

– Jesus (Mateus 10:16)

Mike Siegal, presidente da Ambassador Leather, pareceu confuso ao ler minha carta de demissão.

– Steve, o que é isso? – perguntou.

– Mike, surgiu a oportunidade de abrir minha própria empresa com um empreendedor que admiro muito.

Ele me olhou como se eu tivesse acabado de tomar a decisão mais idiota da minha vida e disse:

– Uma nova empresa? Você está *nos* deixando para abrir uma empresa? Ficou louco? Não seja tolo. Essas coisas *NUNCA* dão certo!

Quando percebeu que eu estava determinado a sair, ele perguntou se com o dobro do meu salário, um carro da empresa e o cargo de vice-presidente de marketing eu mudaria de ideia. Era o nono emprego desde a minha formatura, havia cinco anos. Eu fracassara em todos os anteriores. E então, aos 27 anos, estavam me oferecendo *todos* os meus objetivos profissionais, depois de apenas três meses! O que me transformara de um fracasso crônico em um sucesso instantâneo? Seria um golpe de sorte único ou o início de uma estrada totalmente nova para uma vida de êxitos constantes e extraordinários?

O que causou aquele "sucesso instantâneo" foi eu ter adotado uma nova maneira de encarar cada aspecto da minha vida profissional. Na verdade, não foi um golpe de sorte único. A mesma abordagem que funcionou no meu nono emprego também funcionou no décimo. Eu *de fato* saí da Ambassador Leather e abandonei a oportunidade de realizar todos os meus objetivos profissionais para ir em busca daquela "nova empresa" no décimo emprego – que duraria 32 anos. Como já contei, durante esse período, meus sócios e eu construímos do zero mais de uma dezena de empresas que geraram fortunas. Nesse período, envolvi-me em uma infinidade de projetos e em todos eles segui a mesma estratégia que aplicara ao emprego número nove. Para resumir, eu encarava cada projeto como uma missão e, dessa forma, apliquei uma rotina específica à tentativa incessante de realizá-lo. Todos os projetos foram um sucesso? Não cheguei nem perto disso. Mas nossa média de acertos tornou-se a mais alta do setor de marketing televisivo. Durante quase três décadas, acertamos mais do que qualquer outra empresa na televisão.

As missões criam direção, movimento e impulso

Por encarar cada projeto como uma missão, fui capaz de realizar bem mais em muito menos tempo. Neste momento, estou escrevendo, dirigindo e produzindo três programas de televisão, redigindo dois livros e participando de várias palestras para os eventos regionais de vendas da minha mais nova empresa. Encarar um projeto como uma missão tornou-se tão normal para minha vida profissional quanto comer, respirar e dormir. Na verdade, integrou-se de tal forma na minha rotina que deduzi erroneamente que *todos* faziam o mesmo. No entanto, à medida que eu começava a prestar consultoria a vários executivos e equipes de vendas de algumas das principais empresas dos Estados Unidos, descobri que ser guiado por uma missão era mais a exceção do que a regra.

Agora, antes que você cite a declaração de missão da sua empresa, permita-me dizer que quase todas as declarações de missão são vagas e muito genéricas, meros documentos de relações públicas. Não têm nada a ver com a criação de missões para a empresa e para seus executivos, gerentes e funcionários. E quando a questão é a conduta dos *indivíduos* no trabalho, na carreira e na vida pessoal, é ainda *mais* raro encontrar quem seja guiado por uma missão.

Exemplo de homem "guiado por uma missão"

Jesus é o maior exemplo que conheço de alguém *guiado por uma missão* durante toda a vida. Ele dedicou a sua existência ao cumprimento de suas missões. Esse aspecto já pôde ser visto quando ele tinha apenas 12 anos. Durante três dias, Jesus ficou afastado de Maria e de José na cidade de Jerusalém. Quando finalmente o encontraram no templo, ficaram perplexos ao vê-lo conversando com os doutores da lei, surpreendendo a todos com suas perguntas e sua compreensão, além de responder às questões que lhe eram apresentadas. Quando a mãe o repreendeu pela preocupação que causara, ele respondeu: "Por que vocês estavam me procurando? Não sabiam que eu devia estar na casa de meu Pai?" (Lucas 2:49). Ele já estava realizando o trabalho que seu Pai celestial havia ordenado.

Na noite da prisão de Jesus, o discípulo Pedro desembainhou a espada para tentar impedir que os guardas o prendessem. Jesus disse a Pedro: "Guarde a espada. Acaso não haverei de beber o cálice que o Pai me deu?" (João 18:11). Em qualquer momento, ele poderia ter dito "basta" e desistido de tudo, mas não o fez. Ele não deixava que ninguém – nem seus discípulos, nem o governador romano da Judeia – o impedisse de realizar sua missão de sacrificar a própria vida. Mas essa era apenas *uma* de suas missões declaradas. No total, Jesus se dedicou a cumprir 26 missões durante sua vida. E todas foram levadas a cabo! Dentre elas estão:

Agradar a seu Pai e realizar *Sua* vontade – todos os dias
Revelar seu Pai ao mundo
Completar o trabalho do seu Pai na Terra
Cumprir perfeitamente as leis de Deus
Salvar o mundo
Procurar e salvar os que estão perdidos
Entregar a própria vida para resgatar muitos – oferecer a própria vida pela vida de suas ovelhas
Fazer com que os "injustos" se arrependam
Dar vida abundante aos seus seguidores
Curar os doentes, restaurar a visão dos cegos e a audição dos surdos
Ressuscitar os mortos
Libertar as pessoas do poder e das consequências do pecado
Fornecer o *caminho* para chegar a Deus
Anunciar a boa-nova aos pobres
Curar os contritos de coração

Nenhuma de suas missões era egocêntrica, autogratificante nem visava à autopromoção. Pelo contrário, *todas* as suas missões estavam relacionadas a servir os outros, sacrificando a si mesmo para atingir os fins de Deus.

Para dar conta de tudo o que realizou durante sua breve vida, Jesus tinha de ser guiado por missões. Como podemos esperar realizar tudo o que realmente somos capazes de fazer sem sermos igualmente guiados por missões e sem estarmos concentrados nelas? Estudei a vida de inúmeros grandes realizadores, gente que concretizou seus "sonhos impossíveis". Todos eles agiram com determinação para realizar objetivos específicos. Mas quase 100% da população adulta *não* é guiada por missões. Ao fim de cada ano, as pessoas se perguntam: "Onde este ano foi parar?" E, em quase todos os aspectos da vida, começam o novo ano exatamente da mesma forma como começaram o anterior - com o mesmo peso (ou com um pouco mais), ganhando o mesmo salário (um pouco mais ou um pouco menos), com os mesmos problemas não solucionados no casamento e assim por diante.

Jesus não apenas conduziu sua vida a partir de uma perspectiva guiada por missões, mas pediu o mesmo a seus discípulos. Ele falou: "Vocês não dizem: 'Daqui a quatro meses haverá a colheita?' Eu lhes digo: 'Abram os olhos e vejam os campos! Eles estão maduros para a colheita'" (João 4:35). Em outras palavras, não adie a realização da sua missão. Abra os olhos e comece a concretizar o que você se propôs a fazer imediatamente!

Sem uma visão, você não pode ter uma missão

Quando ensino a importância das missões aos homens de negócios, a primeira pergunta que fazem é: "*Como* identifico minhas missões?" O rei Salomão, em seu livro de Provérbios, escreveu: "Onde não há revelação divina, o povo se desvia" (Provérbios 29:18). Não é possível embarcar em uma missão sem ter antes uma visão que revele seu teor. Segundo Salomão, uma visão não tem nada de místico, vago ou abstrato. É algo mais parecido com um mapa rodoviário. Deve incluir uma compreensão clara e precisa do que você quer realizar, da posição em que você se encontra neste exato momento em relação ao seu objetivo e da rota e do cronograma precisos para ir da sua posição atual até onde você quer chegar. Essa visão clara e precisa em cada área importante da sua vida é tão crucial que, sem ela, você certamente só vai alcançar resultados medíocres.

O primeiro passo para criar visão é responder à pergunta: "O que *realmente* quero realizar nesta área da minha vida ou com este projeto?" Não limite seu pensamento às *condições materiais* e ao *tempo* de que você dispõe nem à competência, ao talento ou às habilidades que você possui para fazer algo. Em vez disso, pergunte a si mesmo: "Se eu pudesse realizar *qualquer coisa* que desejasse, o que faria?" Depois, tome nota de alguns dos pontos específicos relacionados ao seu desejo. Essa "declaração" deve ter entre um parágrafo e uma página inteira, não mais do que isso. Quanto mais específico você for, melhor. Para Thomas Edison, esse era o primeiro passo de qualquer projeto. Liste seus motivos para querer atingir um dado objetivo. Depois, amplie e aprofunde esses motivos listando as ramificações mais amplas geradas pela concretização dessa visão.

Crie um mapa de visão

Em seguida, vem o passo mais importante do processo: criar um mapa de visão. Como uma visão e uma missão verdadeiras envolvem um destino específico, a criação de um mapa e de um cronograma eficazes é crucial para realizá-las dentro de determinado prazo. Não creio que Jesus tenha traçado conscientemente mapas de visão para realizar suas missões. O progresso diário no cumprimento delas era tão *natural* para ele quanto respirar é para você ou para mim. Mas, como as pessoas comuns são sujeitas a inúmeras distrações, poucas são aquelas suficientemente concentradas para organizar de maneira eficaz uma missão importante sem primeiro mapeá-la. As personalidades que estudei quase sempre concretizaram seus sonhos impossíveis com a ajuda desse tipo de mapa. Edison, Rockefeller, Ford, Warren Buffett, Bill Gates e outros indivíduos brilhantes e determinados usaram essa abordagem. Até hoje, nunca encontrei um grande realizador que *não* tenha de alguma maneira seguido essa estratégia na busca e na realização de seus sonhos. Trata-se de um traço comum entre as pessoas que alcançam feitos *extraordinários*.

Primeiro, liste todas as metas intermediárias que precisam ser cumpridas para concretizar sua visão. Depois, identifique os passos necessários para que cada meta seja atingida. Então, decomponha os que exijam *mais* de uma tarefa em etapas específicas. Após fazer isso, você será capaz de ver tudo o que é necessário para ir da sua posição atual até o ponto que deseja alcançar. Você tem um mapa que indica cada tarefa, passo e meta que precisam ser realizados ao longo do caminho.

O último passo é criar um cronograma. Se você tem um prazo a cumprir, comece por aí: crie uma data-limite para cada meta, em seguida para cada passo e, por fim, para cada tarefa. Se você *não* tem um prazo a cumprir, pode iniciar seu cronograma com a primeira tarefa do primeiro passo que precisa ser dado, depois passando para a segunda tarefa e assim por diante. No fim, você terá – a partir das datas-limite para cumprir todas as tarefas, passos e metas que levam ao seu objetivo final – um prazo para completar sua missão. Talvez pareça complicado, mas não é, acredite. Apresento um exemplo completo no Apêndice 1.

Já que uma imagem vale mil palavras, vou ilustrar o processo de mapeamento de visão com um exemplo do meu passado. Em 1996, meus sócios e eu decidimos entrar em um projeto no qual comercializaríamos um equipamento de ginástica. Na época, o equipamento era um dispositivo para treino de força usado por equipes esportivas profissionais e clínicas de reabilitação física. Nossa esperança era vendê-lo para os clientes como um equipamento doméstico de ginástica de alto nível. O nome do produto era Total Gym e esperávamos contratar Chuck Norris e Christie Brinkley como porta-vozes. Chuck usava o equipamento havia 18 anos e gostava tanto dele que já o despachara para locações de filmagem em todos os lugares do mundo em que tinha trabalhado. Na época, Christie não o conhecia, mas achávamos que, se ela experimentasse, iria se apaixonar. Eis um exemplo visual dos dois primeiros passos para a criação de um mapa para minha visão de comercialização do Total Gym. Os três passos seguintes do processo estão ilustrados no Apêndice 1 deste livro.

Exemplo de mapa de visão: Total Gym

Passo 1: Definir com clareza sua visão/missão

Visão

Reprojetar o Total Gym para apresentá-lo como um aparelho doméstico de ginástica atraente e prático e criar um programa de marketing que venda milhões de unidades aos consumidores nos Estados Unidos e no mundo.

Passo 2: Converter sua visão em metas específicas que devem ser atingidas para que a missão seja cumprida

Metas da visão

1. Reprojetar o Total Gym para torná-lo mais atraente e prático para o uso doméstico. Encurtá-lo e reduzir seu peso em pelo menos 12kg. Fazer as mudanças necessárias para que ele seja entregue totalmente montado e possa ser dobrado e guardado debaixo da cama.
2. Recrutar Chuck Norris e Christie Brinkley para serem nossos porta-vozes televisivos com cachês que possamos pagar.
3. Produzir um infomercial de 30 minutos e comerciais de 2 minutos e 30 segundos para vender o Total Gym diretamente aos telespectadores.
4. Criar uma pesquisa de mercado para avaliar a reação dos consumidores aos comerciais.

5. Definir um plano de mídia para guiar a compra de espaços publicitários.
6. Encontrar um parceiro de marketing para distribuir o Total Gym em lojas de varejo que vendam equipamentos de ginástica.
7. Desenvolver o material promocional de marketing a ser enviado aos consumidores interessados que também será incluído na embalagem de cada Total Gym vendido.
8. Criar o programa e os roteiros para os call centers que receberão os pedidos.
9. Redigir anúncios de jornal como apoio às vendas dos varejistas.

Sempre que trato desse assunto, alguém pergunta: "Preciso *mesmo* escrever tudo isso?" A resposta é não, você não precisa. Somente se quiser alcançar um resultado *extraordinário* ou um alto nível de sucesso. Na verdade, a maioria das coisas que fazemos não exige esse grau de êxito. Gosto de esquiar com minha família, mas não desejo me tornar um exímio esquiador – simplesmente sinto prazer em descer uma montanha. Portanto, não mapeio minhas esperanças como esquiador. Por outro lado, estou atualmente trabalhando em três projetos televisivos de grande importância, assim como em dois livros, e tudo deve estar finalizado até o fim do ano. Meus sócios e editores estão investindo muito nesses projetos e esperam que eu gere resultados extraordinários. Não posso de forma alguma cumprir meus prazos *sem* criar mapas de visão.

Não há dúvida de que a criação de um mapa de visão exige certo tempo e esforço. Mas, quando ele é bem-feito, a recompensa por esse pequeno investimento é dez, cem, mil vezes maior.

Por definição, suas missões mais importantes *devem* ser cumpridas

Vivemos numa época em que é politicamente correto elogiar as pessoas apenas por "comparecerem". Por melhores que sejam as intenções, essa é uma prática contraproducente. Como já contei, meus sócios e eu fundamos uma nova empresa que lançou um suplemento nutricional recém-patenteado. Nesse breve período, nossa pequena empresa, de um punhado de consultores de venda, passou a ter mais de 70 mil. Há seis meses, recebi um e-mail de um integrante da nossa equipe de gestão sugerindo que oferecêssemos uma festa para celebrar nosso primeiro ano de atividade. Rejeitei a ideia, porque não considero que um ano de atividade seja uma realização significativa. Nossa firma teve um dos crescimentos mais rápidos da história empresarial. Nosso quadro de consultores e nosso volume de vendas logo atingirão um nível importante. Teremos mais de 100 mil consultores gerando vendas de mais de 10 milhões de dólares por mês. Só quando tivermos alcançado *essa* meta daremos uma festa. Nossa missão nunca foi simplesmente sobreviver por um ano, por isso a comemoração do nosso primeiro aniversário não é uma realização significativa. Por outro lado, uma das nossas missões *é* fornecer nosso produto da maneira mais rápida para o maior número de pessoas possível. Quando atingirmos essa meta, teremos dado um importante passo para o cumprimento da missão e essa, sim, será uma realização digna de ser comemorada.

Jesus não usou palavras de louvor para pessoas que utilizavam os próprios talentos e dons "apenas para sobreviver". Na verdade, ele contou uma história surpreendente para demonstrar seu menosprezo por tal desperdício. Na parábola, um comerciante dava três somas de dinheiro diferentes para três gerentes antes de realizar uma longa viagem. A quantia que ele deu a cada gerente se baseava na capacidade de cada um como investidor. Ao voltar, o homem pediu que os três lhe prestassem contas do que tinham *feito* com o dinheiro que receberam. O primeiro, que recebera a maior soma, tinha duplicado o dinheiro, usando-o de maneira inteligente e agressiva. O segundo, que recebera uma quantia substancialmente menor, também duplicara o dinheiro pelo qual ficara responsável. O terceiro, que recebera bem menos do que os outros dois, simplesmente enterrara o dinheiro em um lugar seguro para não perdê-lo. O comerciante recompensou o primeiro e o segundo gerentes com elogios e promoções. Ambos tinham cumprido sua missão, obtendo um retorno elevado para o investimento do patrão. Ao terceiro gerente o proprietário disse que ele poderia ter pelo menos depositado o dinheiro em um banco para render juros. Chamou-o de embusteiro e preguiçoso, e demitiu-o imediatamente.

O que Jesus queria dizer é que não há recompensas para quem simplesmente "comparece". Elogios e promoções são dados a quem usa com eficácia o que recebeu para cumprir as missões assumidas. Quando você identifica e mapeia suas missões, se elas refletirem seus motivos e forem importantes o bastante para serem levadas adiante, isso significa que também são importantes o bastante para serem cumpridas! Então, a pergunta é: "O que devo *fazer* para ser bem-sucedido e *cumprir* minhas missões?" Abordarei esse assunto com mais profundidade no Capítulo 9.

Averiguando a realidade: sua missão reflete e faz seu significado avançar?

Conheci muitos homens de negócios que fizeram fortunas com empresas, mas foram vítimas de fracassos devastadores na vida familiar. Um motivo para essa disparidade é que, embora eles fossem guiados por uma missão e estivessem focados nela em sua vida profissional, o mesmo *não* acontecia no relacionamento familiar. Mas há uma segunda causa ainda mais importante para os fracassos pessoais. Trata-se de um hábito adquirido pela maioria das pessoas, capaz de arruinar suas chances de felicidade e realização duradouras: o fato de suas missões *não* refletirem seus valores pessoais. Meu próprio passado é um exemplo perfeito disso.

Quando me formei na faculdade em 1970, um dos meus três principais motivos era: "Fornecer tudo o que for preciso para que minha mulher e meus filhos tenham uma vida satisfatória." Durante cinco anos, minhas várias "missões" e atividades refletiram esse motivo. No entanto os fracassos crônicos em minha carreira resultaram em uma renda baixa que proporcionava apenas um estilo de vida modesto à minha família. Não tínhamos reservas e estávamos cada vez mais endividados. Hoje constato que meu principal desejo era tentar suprir as necessidades *materiais* da minha família mais do que atender suas demandas *espirituais*. Ganhar mais dinheiro para sustentá-los se tornou minha missão prioritária. Mas eu continuava a fracassar. Em 1976, dei a volta por cima quando me associei a Bob Marsh e comecei a tratar cada projeto comercial como uma missão. O sucesso de nosso primeiro projeto foi enorme e multiplicou minha renda anual por 10. Eu tinha apenas 28 anos. Enquanto vivia a euforia do primeiro sucesso *real*, meus motivos prioritários começaram a mudar. E a mudança foi tão sutil que só fui percebê-la muitos anos depois.

Embora eu não tivesse a menor consciência disso, dois *novos* motivos se tornaram a força motriz invisível da minha vida, alimentando meu progresso. Meu incrível mentor, Bob Marsh, se tornara um verdadeiro pai para mim – o pai mais inspirador, encorajador e carinhoso que um jovem poderia ter. Meu principal motivo mudou de "sustentar a família" para "tentar acertar grandes jogadas", como uma maneira de expressar meu apreço por Bob e pela oportunidade que ele me proporcionara. Eu ficava extasiado ao ver suas expressões de satisfação, seu contentamento verbal e emocional, seu amor incondicional. Meu segundo principal motivo era sentir a emoção de acertar grandes jogadas de marketing. Meu terceiro motivo era um desejo permanente de evitar a perda de tudo o que tínhamos conquistado, obtendo êxitos ainda maiores. Eu substituíra minha principal motivação original, sem nem sequer me dar conta. Teria jurado que meus motivos continuavam os mesmos. E esse foi o problema. Embora positivos e benéficos, meus novos motivos *não* refletiam meus verdadeiros valores. Eu amava minha família mais do que qualquer outra coisa na vida e também queria compartilhar o amor de Deus com os outros. Mas esses valores tinham sido suplantados pelos meus novos motivos, que se tornaram minhas prioridades absolutas. Consequentemente, minha vida familiar e meu relacionamento com Deus foram prejudicados.

As missões prioritárias de Jesus eram um reflexo perfeito e uma expressão integral de seus motivos. Ao oferecer a própria vida como resgate, ele abriu um caminho para que aqueles que tinham rejeitado Deus se reconciliassem com Ele e assim estabelecessem um relacionamento repleto de alegria com o Criador. Quando nossos motivos *não* refletem nossos valores mais elevados, perdemos o *poder* de realizar as coisas mais importantes para nós. Talvez consigamos realizar objetivos específicos, mas essas realizações não nos deixam plenamente felizes. Por outro lado, quando os motivos que nos guiam estão alinhados com os nossos valores mais elevados, ganhamos mais poder para realizar nossas missões mais depressa e com um nível maior de satisfação e felicidade.

Identificando seus valores

Há alguns anos, eu estava filmando uma série em DVD intitulada *The Master Strategies of Super Achievers* [As estratégias magistrais dos realizadores excepcionais]. O momento mais emocionante das filmagens aconteceu quando meu sócio, Greg Fullerton, dividiu o palco comigo e me guiou por um exercício que fez meus valores essenciais virem à tona de meu coração e de minha mente. Diante do grupo para o qual eu estava lecionando, Greg me perguntou se eu alguma vez já tinha estado no terraço panorâmico no topo da torre sul do World Trade Center. Respondi que já estivera lá algumas vezes. Depois, ele perguntou se alguma vez eu olhara de lá para o teto da torre norte, atravessando com o olhar o precipício de 110 andares que separa os dois edifícios. Voltei a responder que sim. Depois, ele me pediu que fechasse os olhos e imaginasse que eu estava mais uma vez em cima da torre sul olhando para o teto da torre norte e que havia uma viga de 30cm de largura indo da quina da minha torre até a quina da outra.

Greg me disse para manter os olhos fechados e começou a me fazer perguntas.

– Se eu oferecesse a você 25 milhões de dólares para tentar atravessar aquela viga até o outro edifício, você tentaria?

Imaginando a queda de 400m, respondi instantaneamente:

– Não.

Ele então aumentou a oferta.

– E se eu lhe desse 100 milhões de dólares e garantisse o sucesso de tudo o que você já desejou?

Mais uma vez, eu instantaneamente disse não.

– Um *bilhão* de dólares? – insistiu ele.

– Não.

Finalmente, ele perguntou:

– Existe *alguma coisa* que eu poderia oferecer para que você subisse naquela viga?

– Absolutamente nada – respondi.

– Agora – prosseguiu Greg – visualize um homem muito grande e assustador no teto do outro edifício segurando sua filha de 5 anos. Por um megafone, ele grita: "Você tem um minuto para atravessar essa viga ou vou jogar sua filha daqui de cima." Você percebe que ele fala sério e Hallie está chorando, aterrorizada. Ela grita

"Papai, papai, papai!" e o homem começa a contagem regressiva: "Cinquenta e nove... cinquenta e oito... cinquenta e sete..."

Enquanto Greg começava a contagem regressiva, visualizei nitidamente minha preciosa garotinha aterrorizada e gritando. Então me descontrolei por completo na frente do grupo, com a câmera ainda gravando. Greg gritou:

– E então? Você vem?

Totalmente imerso naquele momento, gritei em resposta:

– Vou, vou, vou!

Diante de uma sala cheia de gente, meu sócio de 1,90m aproximou-se e me abraçou, enquanto eu abria os olhos marejados. Na verdade, eu não era o único na sala que estava chorando. Dando tapinhas nas minhas costas, Greg disse:

– Sinto muito, Steve. Mas *agora* você sabe o que *realmente* mais preza, mais do que dinheiro, mais do que o sucesso nos negócios, mais do que tudo na vida.

E ele tinha razão. Eu teria tentado atravessar aquela viga por causa de Hallie ou de qualquer outro integrante da minha família, instantaneamente, sem pensar. Em poucos minutos, percebi o que importava para mim de verdade. Minha família era muito mais importante do que minha conta bancária, meu trabalho ou qualquer projeto no qual eu estivesse envolvido. No entanto minha vida e meu comportamento diário refletiam um conjunto de prioridades muito diferente.

Ao se contentar com o que é *bom*, você pode se privar do *melhor*

É verdade, não temos como largar o trabalho e nos dedicar em tempo integral à família, mas é possível fazer ajustes que *vão* refletir e expressar melhor nossas verdadeiras prioridades. Por exemplo, quando estamos com nosso cônjuge ou com nossos filhos, podemos *realmente* estar presentes – desligando o celular, a televisão ou qualquer outra coisa que desvie nossa atenção. É possível abrir mão de uma partida de golfe ou de uma reunião de negócios no fim de semana. Podemos nos esforçar para chegar em casa mais cedo e jantar com a família. A maioria de nós não perde tempo com atividades fúteis ou prejudiciais. Infelizmente, muitos *gastam* bastante tempo fazendo coisas *boas* em vez de usar o tempo limitado de que dispõem para fazer as *melhores* coisas. No entanto, quando estamos imbuídos da nossa *missão*, há inúmeros modos de substituir uma *boa* utilização do tempo que não reflete nossos valores mais elevados por uma *ótima* utilização do tempo que reflita esses valores.

Quando Jesus estava no auge da sua popularidade e milhares de homens e mulheres queriam apenas se aproximar dele, uma mulher chamada Marta o convidou para jantar em sua casa. Ele e seus discípulos aceitaram. Enquanto Jesus pregava para os presentes, a irmã de Marta, Maria, sentou-se a seus pés, ouvindo com atenção todas as suas palavras. Marta, por outro lado, estava concentrada em servir a todos. Ela se queixou a Jesus de que a irmã não a estava ajudando e pediu que ele lhe dissesse para colaborar. Em vez disso, Jesus gentilmente repreendeu Marta por estar se concentrando nas coisas erradas. A irmã, disse ele, havia feito a *melhor* escolha. Tanto Maria quanto Marta teriam todos os dias do resto de suas vidas para atender às necessidades de seus convidados e lidar com as tarefas cotidianas. Mas, dentro de poucos minutos, Jesus sairia daquela casa e elas nunca mais poderiam conviver com ele de maneira tão íntima e ouvir suas palavras pessoalmente. Marta perdera para sempre uma oportunidade única, sacrificando a *melhor* maneira em favor de uma *boa* maneira de utilizar seu tempo.

Um homem de negócios jovem e rico também teve um encontro pessoal com Jesus. Ele aproveitou a oportunidade para fazer a pergunta mais importante que qualquer um de nós poderia formular: "O que devo fazer para herdar a vida eterna?" Imagine a oportunidade de ouvir a resposta verdadeira a essa pergunta da boca da *única* pessoa capaz de dá-la. Jesus respondeu dizendo-lhe para "respeitar os mandamentos". O homem perguntou de quais ele falava, já que havia mais de 600 mandamentos no Velho Testamento. Jesus respondeu citando seis mandamentos. O homem logo argumentou que respeitara todos esses desde a juventude e perguntou: "O que ainda está faltando?" Jesus então disse para ele vender tudo o que possuía, dar o dinheiro aos pobres e segui-lo. Jesus acabara de oferecer ao homem uma oportunidade única. Ele o convidara para abandonar a riqueza que o dominava para tornar-se seu companheiro, aprendiz e discípulo. Mas o abastado homem de negócios optou por seus bens, em vez de seguir Jesus, e trocou a vida eterna pelo conforto e a segurança transitórios de suas propriedades.

Jesus não queria dizer que todos aqueles que quisessem seguir seus ensinamentos tinham de vender tudo o que possuíam. Mas aquele jovem rico afirmara que seguira perfeitamente todos os mandamentos de Deus. Um daqueles mandamentos dizia que você não deve ter outros "deuses" além de Deus, e outro, que você deve amar o próximo como a si mesmo. No entanto, com sua escolha, ele demonstrou que amava mais a riqueza e suas posses do que a Deus e seus semelhantes "pobres". Ele acreditava erroneamente que seguira a lei de Deus desde a juventude, quando, na verdade, violava a lei de Deus todos os dias. Optou por seus piores valores, em detrimento dos *melhores* valores que Jesus lhe oferecia.

Com que frequência deixamos que o *bom* nos prive do *melhor*? Nossas missões refletem nossos valores supremos ou outros valores menos importantes? Ao identificar seus valores essenciais e construir seus motivos com base neles, você se concentrará muito mais em procurar o melhor em vez de aceitar o que é apenas bom. Quando suas missões começarem a refletir seus valores mais elevados, você não apenas realizará todas as coisas importantes que se propôs a fazer, como também terá mais alegria e satisfação do que nunca.

A COMPREENSÃO TRANSFORMA MENTES, A AÇÃO TRANSFORMA VIDAS

Mapeamento de visão

1. Quais são os empreendimentos e projetos mais importantes que você quer realizar?
2. Redija uma declaração clara e precisa da sua visão para cada um desses projetos e empreendimentos.
3. Quais são os projetos e empreendimentos mais urgentes que você quer realizar com um grau mais elevado de sucesso?
4. Compre um fichário com algumas folhas divisórias para criar um diário do seu mapeamento de visão.
5. Seguindo o exemplo apresentado neste capítulo e nos apêndices, comece a traçar um mapa de visão do seu projeto ou empreendimento de maior prioridade.

CAPÍTULO 6

Uma MENSAGEM que comunica

"O coração do sábio ensina a sua boca, e seus lábios promovem a instrução." – Salomão (Provérbios 16:23)

Imagine um orador tão cativante que uma multidão de milhares de pessoas o ouve com atenção durante horas, até mesmo dias, sem sequer uma pausa para uma refeição. Imagine um orador tão inspirador a ponto de suas palavras despertarem uma fé milagrosa nos corações e mentes dos ouvintes. Imagine um orador tão claro que até mesmo as crianças conseguem entender seus princípios transformadores. Essas foram as experiências daqueles que ouviram pessoalmente as inspiradoras e libertadoras palavras de Jesus.

Hoje, a comunicação é o maior desafio nos negócios, no casamento e na criação dos filhos. As pessoas muitas vezes ignoram ou rejeitam nossas ideias não porque sejam ruins, mas porque são comunicadas de maneira ineficaz. Muitas vezes, aqueles com quem nos comunicamos se deixam distrair e são complacentes ou cínicos em relação a nós ou à nossa mensagem. Se você estudar as palavras que Jesus pronunciou e as técnicas de comunicação que ele usou, descobrirá rapidamente que ele era muito mais do que apenas um ótimo comunicador. Ele foi o *maior* comunicador que já existiu. Conseguia fazer com que qualquer ouvinte prestasse atenção e entendesse o que estava sendo dito. Estivesse ele diante de um indivíduo ou uma multidão de milhares de pessoas, um adulto ou uma criança, uma pessoa erudita ou um pescador analfabeto, sua maneira de comunicar conseguia capturar totalmente a atenção das pessoas e lançar uma luz cristalina sobre as questões que estavam sendo discutidas. Suas mensagens e o modo como ele as comunicava eram tão fortes que ele persuadia e motivava os ouvintes a aceitar suas palavras e seguir sua orientação.

Qual foi o discurso mais longo que você já ouviu? Por quanto tempo você foi capaz de se manter concentrado nas palavras de um orador? Quanto tempo depois de começar a ouvir alguém sua atenção começa a dispersar? Em uma ocasião, uma multidão de mais de 5 mil pessoas ouviu atentamente Jesus pregar durante um dia inteiro e parte da noite. Em outra ocasião, uma multidão o ouviu no deserto durante três dias. Como ele conseguia se comunicar de uma forma tão cativante e transformadora?

Para Jesus, a comunicação eficaz e persuasiva envolvia muito mais do que palavras. Temos a ideia errada de que esse fenômeno se resume ao ato de falar ou escrever. Esse equívoco fundamental faz com que muitos não consigam se tornar comunicadores eficazes e persuasivos. Na verdade, o que *dizemos* constitui uma pequena *parte* da maneira como transmitimos nossas mensagens. E a fala (ou a escrita) é apenas um dos *numerosos* passos fundamentais que precisam ser dados para nos comunicarmos.

As habilidades comunicativas do mentor supremo

Como a comunicação ineficaz é o principal desafio em muitas áreas extremamente importantes, nossa vida melhoraria muito se fôssemos comunicadores mais hábeis. Ao observar a maneira como Jesus se comunicava, você descobrirá sete passos que o faziam alcançar com tanta força o coração e a mente de homens e mulheres. Talvez nenhum de nós consiga atingir o mesmo grau de sucesso. Mas, se aprendermos a usar seus métodos e técnicas, *poderemos* nos tornar mais eficazes e persuasivos do que achamos possível. Nos negócios, nossos colegas, chefes e clientes entenderão o que estamos dizendo. Além disso, *darão valor* ao que procuramos transmitir e serão persuadidos a fazer o que demonstrarmos ser mais interessante para eles. No casamento, nossos parceiros não apenas entenderão o que estamos dizendo, mas *sentirão* o que estamos sentindo. No relacionamento com os filhos, teremos mais capacidade de motivá-los tanto a fazer como a *querer* fazer o que é melhor para eles. E eles serão capazes de compartilhar o que sentem, sem medo de serem menosprezados, ignorados, interrompidos ou julgados erroneamente. Poderemos atingir um nível mais profundo de intimidade em todos os nossos relacionamentos.

O incrível poder da comunicação persuasiva

Durante 32 anos, vendi com sucesso os bens e serviços da nossa empresa diretamente aos telespectadores, por meio de comerciais que escrevi e produzi. Durante os 10 primeiros anos, usamos comerciais de dois minutos para vender nossos produtos por meio de números de telefone que eram exibidos na tela nos últimos 20 segundos dos comerciais. Em outras palavras, eu tinha apenas 100 segundos de comunicação para conquistar a atenção dos espectadores, apresentar um problema com o qual eles conseguissem se identificar, mostrar como meu produto era melhor do que qualquer outro para resolver aquele problema, superar a resistência e as razões deles para não fazerem o pedido e convencê-los a interromper o que estavam fazendo, pegar o telefone e encomendar o produto ou serviço. Como eu conseguia fazer isso? Usando os mesmos métodos e técnicas de comunicação empregados por Jesus. Graças ao que aprendi sobre comunicação eficaz com seu exemplo, pude obter um número recorde de respostas – um número nunca igualado na história da publicidade televisiva. Mais de 25 milhões de pessoas encomendaram nossos produtos e serviços em resposta aos vários comerciais de dois minutos que criei.

Para ter uma ideia do que isso significa, visualize a multidão que vai a uma partida de futebol de um time importante. Para ver 25 milhões de pessoas, você teria de comparecer a todas as partidas disputadas por esse time nos próximos 52 anos. Agora, imagine fazer com que cada uma dessas pessoas *compre* o que você quer lhes vender. Lembre-se de que você só tem 100 segundos para conquistar a atenção delas, falar de um problema com o qual elas possam se identificar, superar resistências e fazer com que lhe deem o número do cartão de crédito para que a compra seja efetuada. *Esse* é o incrível poder dos métodos e técnicas de comunicação que aprendi com o maior comunicador do mundo.

O que é a comunicação eficaz e persuasiva? Para mim, é a que faz com que a pessoa com quem estou me comunicando *entenda* o que estou dizendo, *sinta* o que estou transmitindo e seja persuadida a *agir* em resposta à minha comunicação. É diferente da manipulação, que consiste em tentar *forçar* ou enganar a outra pessoa para que ela aja segundo *meus* interesses. A persuasão é uma tentativa de *convencer* o outro a fazer o que você realmente acredita que é melhor para *ele* – ou para um grupo, um projeto ou uma família. Nem é preciso dizer que é muito tênue e perigosa a linha que separa persuasão e manipulação.

O que Jesus fez para se comunicar com eficácia e persuasão e o que a maioria de nós não faz.

O primeiro e mais importante passo na comunicação é compreender perfeitamente a mentalidade do seu ouvinte. Jesus sempre fazia isso, estivesse ele falando com um indivíduo, um pequeno grupo ou uma multidão de milhares de pessoas. Vemos isso na forma como usava parábolas para ilustrar argumentos importantes. Jesus adaptava as parábolas à mentalidade do indivíduo, do grupo ou da plateia a que estava se dirigindo. O maior obstáculo para uma comunicação eficaz e persuasiva é nossa falta de compreensão do que se passa na cabeça de nosso ouvinte. Deduzimos erroneamente que ele interpreta uma situação ou questão de forma semelhante à nossa. Em geral, não é isso que acontece. Cada pessoa responde e reage às situações de acordo com seu passado, suas circunstâncias, sua compreensão e seus sentimentos, que diferem dos de todas as outras pessoas. Cometemos um erro crucial quando transmitimos nossa mensagem a partir da nossa própria perspectiva, e não da perspectiva do outro. O mais importante é o ouvinte! Procure saber quais são as necessidades e os desejos dele. O que atrapalha física, intelectual ou emocionalmente a audição, a compreensão, a crença ou a reação do outro à sua mensagem? Jesus não apenas entendia os corações e mentes do povo, mas conhecia e entendia as necessidades específicas dos indivíduos com os quais estava falando.

"Como é *possível* conhecer a mentalidade do meu interlocutor?", você pode se perguntar. A resposta é: faça seu dever de casa *antes* de se comunicar. A melhor maneira de descobrir a visão de uma pessoa sobre qualquer questão é fazer perguntas de uma maneira que a deixe livre para responder com sinceridade. Não avalie nem comente as respostas que ouvir. Sua missão nesse momento é descobrir fatos. Uma única palavra de crítica ou julgamento pode fazer com que o outro se coloque na defensiva, esconda seus verdadeiros sentimentos e diga apenas o que acha que você quer ouvir. Então, você perderá a oportunidade de tomar conhecimento de sua mentalidade e visão.

Quando não conseguir saber como o outro pensa por meio de perguntas diretas, procure informar-se com amigos e conhecidos de seu interlocutor. Se está tentando se comunicar com um grupo de pessoas, obtenha todas as informações possíveis sobre as características do grupo. Talvez você não consiga obter o mesmo conhecimento íntimo do coração e da mente de alguém, como Jesus obtinha, mas pode pelo menos compreender sua maneira de pensar antes de começar a falar. E essa compreensão faz toda a diferença na eficácia da sua comunicação.

Como já mencionei, o primeiro produto da minha empresa era um creme bactericida antiacne de uso tópico. Por ter tido muita acne na juventude, eu sabia o que se passava na mente e no coração dos adolescentes com acne bem como na de seus pais. Então, foi fácil escrever um comercial eficaz e persuasivo.

Por outro lado, ao escrever o primeiro comercial para o nosso produto de perda de peso, eu não tinha qualquer experiência nesse sentido, porque fui magro a vida toda. Como eu poderia entender o coração e a mente de alguém que estivesse acima do peso ideal? Para isso, conversei com pessoas obesas. Falei com profissionais que lidavam com elas. Meu porta-voz para aquele produto foi Richard Simmons. Durante horas a fio, ouvi Simmons contar suas agruras durante a adolescência e o início da idade adulta. Ele compartilhou várias histórias de pessoas que ajudara. Apresentou-me a outras que também me relataram suas experiências. Quando escrevi meu primeiro comercial sobre perda de peso, eu entendia perfeitamente o que estava na cabeça dos nossos clientes em potencial. Ao assumir o projeto mais tarde, meu sócio realizou o mesmo tipo de pesquisa. O resultado é que o Deal-a-Meal se tornou um grande sucesso que ajudou milhões de pessoas a eliminar os quilos indesejáveis.

Recentemente, tive uma reunião com uma das atrizes mais famosas e premiadas dos Estados Unidos e de quem sou fã há muito tempo. Queria convencê-la a participar de um comercial que eu iria escrever e dirigir. Ouvi o que tinha a me dizer durante alguns minutos e depois, tolamente, tentei fazer com que ela abandonasse sua opinião e adotasse meu ponto de vista. Infelizmente, eu não a ouvi por tempo suficiente nem com a concentração e a sensibilidade que ela merecia. Falei cedo e falei demais! Ela acabou rejeitando o projeto. Mais tarde, um amigo, que também participara da reunião, me deu uma bronca merecida, porque eu tinha escutado pouco e falado demais. Como Salomão nos diz no livro dos Provérbios, um homem que fala antes de ouvir adequadamente é um tolo; uma abundância de palavras inevitavelmente acarreta erro (Provérbios 18:13 e 10:19, respectivamente).

Por mais importante que isso seja para os negócios, descobrir a mentalidade do outro no casamento e na criação dos filhos é ainda mais importante. Às vezes, nos precipitamos ao falar com nossos cônjuges e filhos, sem dar muita atenção ao que eles pensam. Tentar entender o que se passa na cabeça do outro é o primeiro passo para transformar até mesmo o pior dos relacionamentos em uma relação sólida e duradoura.

O poder da verdade

Uma vantagem que Jesus tinha em relação a nós era seu conhecimento perfeito da verdade. Ele não precisava adivinhar nada nem imaginar o que a outra pessoa estava *realmente* pensando, ou se havia um propósito oculto por trás de suas afirmações ou perguntas. Ele não precisava decifrar coisa alguma, pois sabia tudo. Alguns daqueles que procuraram Jesus com uma pergunta ardente usavam uma cortina de fumaça para mascarar a verdadeira questão. Seus inimigos faziam perguntas ardilosas para tentar mostrar que ele *não* era quem afirmava ser. Mas Jesus nunca foi enganado por cortinas de fumaça nem por truques. Nunca se sentiu tentado a reagir ao mundo da ilusão. Em vez disso, usava o conhecimento da verdade para iluminar a realidade.

Um líder religioso idoso, Nicodemos, aproximou-se de Jesus na calada da noite para fazer uma pergunta que só Deus, ou alguém com uma ligação direta com Deus, seria capaz de responder. Era a pergunta mais importante que alguém poderia fazer. Mas, em vez de iniciar a conversa com a pergunta, Nicodemos usou a bajulação como disfarce. Ele disse: "Mestre, sabemos que ensina da parte de Deus, pois ninguém pode realizar os sinais miraculosos que está fazendo se Deus não estiver com ele." Mas, antes que Nicodemos pudesse continuar, Jesus dissipou a cortina de fumaça e respondeu especificamente à questão que Nicodemos desesperadamente desejava esclarecer. Jesus disse: "Digo-lhe a verdade: ninguém pode entrar no Reino de Deus se não nascer da água e do Espírito." A conversa prosseguiu e, em poucos minutos, Jesus revelou a verdade suprema a respeito do que era necessário para que qualquer um obtivesse a vida eterna. Ele nunca poderia ter feito isso se não soubesse a verdade – sobre Nicodemos, sobre a pergunta ardente em seu coração, sobre a vida eterna e sobre o plano divino (João 3:1-21).

Obviamente, não podemos conhecer a verdade da mesma maneira que Jesus. Mas, embora não tenhamos seu conhecimento perfeito, devemos fazer um esforço para *conhecer* a verdade acerca daqueles a quem nos dirigimos e das questões que queremos discutir com eles. Precisamos reunir os fatos a respeito de um tema e construir nossa mensagem adequadamente. Vou dar um exemplo.

Em 1996, quando eu estava escrevendo o primeiro infomercial para o lançamento do Total Gym, precisei investigar os fatos ligados a treinamento de força e exercícios aeróbicos. Na época, a maioria dos adultos conhecia os benefícios dos exercícios aeróbicos, mas poucos sabiam dos benefícios muito maiores do treinamento de força ou dos exercícios de resistência. Na minha pesquisa, descobri alguns fatos surpreendentes revelados por vários estudos médicos. Por exemplo, a corrida só muda a *forma* do corpo de uma pessoa se ela correr 48 quilômetros por semana ou mais. Mas apenas 20 minutos de treinamento de força três vezes por semana têm o poder de transformar *radicalmente* a forma corporal. A maioria das pessoas com mais de 60 anos *duplica* a própria força depois de seis meses de exercícios bem moderados de resistência. Descobri que o treinamento de força é capaz de afetar os 12 "biomarcadores" que determinam a verdadeira idade biológica de uma pessoa e que qualquer um pode reverter o relógio biológico e retardar o processo de envelhecimento com apenas 15 ou 20 minutos diários de treinamento de força. Os exercícios aeróbicos só aumentam seu metabolismo *enquanto* você os realiza, mas um treinamento de força de 20 minutos aumenta o metabolismo durante o dia todo. E a musculatura enxuta que você forma com o treinamento de força pode queimar calorias até enquanto você dorme!

Pude ser muito mais eficaz e persuasivo naquele primeiro infomercial apenas por ter aprendido essas verdades simples, e a campanha que redigi para o Total Gym se tornou o infomercial de produtos para a forma física de maior sucesso de todos os tempos.

Sabendo o poder que o conhecimento da verdade traz para uma conversa, sempre me causa surpresa perceber que boa parte da nossa comunicação se baseia em tudo, *menos* na verdade. Tanto nos negócios quanto na política, a verdade parece ser intencionalmente evitada durante as conversas. No ano passado, dois executivos de um call center me contaram como poderiam ajudar uma das minhas empresas se eu os deixasse participar de uma campanha. Prosseguiram citando "estatísticas do setor" que não apenas distorciam a verdade, mas a desafiavam. Eu nunca tinha ouvido exageros tão ridículos apresentados como fatos confiáveis. Se eu fosse um novato no setor, talvez tivesse ficado deslumbrado com aqueles dados. Mas eu sabia que a exaltação deles era baseada em uma mentira e a desprezei.

A verdade também é muitas vezes negligenciada em nossos relacionamentos pessoais. Não mentimos abertamente, mas boa parte da nossa comunicação se baseia em nossos sentimentos a respeito das questões e não em informações ou fatos concretos. Assim, acabamos exagerando, usando superlativos e hipérboles. "Você *sempre* faz isso" ou "Você *nunca* faz aquilo". Atribuímos "falsas crenças" aos motivos de nossos amigos, cônjuges e filhos, em vez de tentar descobrir seus verdadeiros motivos. "Se você *realmente* me amasse, faria...", ou "Para você, o trabalho é obviamente *mais importante* do que a família", e assim por diante. Aumentamos o que é negativo e minimizamos o que é positivo sem nos darmos conta de quanto a ignorância e o descaso pela verdade podem prejudicar nossos relacionamentos. Mas se fizermos da verdade a base das nossas mensagens, seremos capazes não apenas de eliminar esse tipo de comunicação falha e destrutiva, como de substituí-la por uma comunicação que constrói e fortalece os relacionamentos.

Esclareça as questões

Até que ponto nossa comunicação tem por objetivo convencer alguém a acreditar em algo? Embora não haja nada de muito errado nesse procedimento, é importante avaliar a quem isso está beneficiando. Mesmo quando nossos motivos são bem-intencionados, ao tentarmos convencer o outro a fazer o que queremos que ele faça, podemos estar desrespeitando o seu modo de ser. Antes de tentar convencer alguém a fazer o que você quer, avalie primeiro o que é realmente mais interessante para *ele*. Seus esforços de convencimento o farão crescer? Seus esforços vão ajudá-lo a realizar o que é melhor para *ele*?

Jesus não era vendedor nem manipulador. Não estava tentando convencer ninguém a fazer coisa alguma. Pelo contrário, Jesus se concentrou em *iluminar* a *verdade* a respeito dos acontecimentos, questões, perguntas e preocupações. Suas palavras possibilitaram que seus ouvintes enxergassem a verdade. Mas o que cada um fazia com aquela compreensão era uma escolha pessoal. É claro que Jesus esperava que seus ouvintes tomassem as decisões certas, mas não tentava coagi-los nem manipulá-los. Em vez disso, lançava um foco penetrante para denunciar as falsas crenças e as ilusões da vida. É por isso que ele afirmou ser "a luz do mundo". Aquele que o seguir "nunca andará em trevas, mas terá a luz da vida" (João 8:12). Nos Evangelhos, nós o vemos denunciar repetidamente valores falsos e revelar verdades ocultas.

Um exemplo perfeito disso se deu quando um homem no meio da multidão chamou Jesus e disse: "Mestre, dize a meu irmão que reparta comigo a herança." O homem achava que se tratava de uma questão de justiça ou de generosidade. Mas, como Jesus demonstrou, aquela não era a verdadeira questão. Primeiro, Jesus disse que não era juiz ou árbitro daquele problema. Ele não dispunha de todos os fatos necessários para fazer uma avaliação justa de quem deveria receber o quê. Depois, revelou a *verdadeira* questão com a qual tanto o homem quanto seu irmão deveriam estar mais preocupados. Ele disse: "Fiquem de sobreaviso contra todo tipo de ganância; a vida de um homem não consiste na quantidade dos seus bens" (Lucas 12:13-15).

Precisamos reconhecer nossa inclinação natural de tentar convencer os outros a fazer o que queremos que eles façam. Mas também temos de tomar consciência de que o exercício dessa inclinação é capaz de produzir consequências terríveis. Podemos parecer arrogantes e acabar fazendo com que os outros nos deem as costas e rejeitem nossas ideias. Em vez de nos aproximar, nossos esforços de convencimento podem nos afastar.

O primeiro objetivo de qualquer conversa importante deve ser o *esclarecimento*, ou seja, lançar luz sobre a questão discutida, ajudando o ouvinte a entendê-la para poder fazer uma escolha baseada na sua realidade. A maioria das pessoas não faz isso, porque é necessário *preparar-se* antes de falar. É preciso ter paciência e tempo para conhecer a verdade sobre uma questão e sabedoria para transmitir a mensagem de forma que o ouvinte possa entendê-la. Para isso, é indispensável conhecer bem sua mentalidade e sua visão das coisas.

Conquistar a atenção plena do ouvinte

A mentalidade do seu ouvinte, o conhecimento dos fatos acerca de uma questão e o *esclarecimento* do problema apresentado resultarão numa comunicação eficaz e persuasiva. Entre as habilidades ou técnicas necessárias para ajudar a esclarecer uma questão está a capacidade de conquistar plenamente a atenção do seu ouvinte. No início de uma conversa, o pensamento do seu interlocutor pode estar em outro lugar, o que o impede de se concentrar no que você fala. Você então precisa fazer com que a atenção dele se volte para o momento presente. Jesus era capaz de "fisgar" a atenção dos ouvintes, fossem eles ricos ou pobres, instruídos ou ignorantes, servos ou reis, indivíduos isolados ou multidões enormes.

Quando falo em "fisgar" a atenção de alguém, imagino um peixe nadando em uma torrente montanhosa imaculada, aproveitando o dia quente e ensolarado. De repente, ele vê um delicioso alimento flutuando por perto. Ao abocanhá-lo rapidamente, descobre que foi "fisgado". Não importa aonde estava indo ou o que estava fazendo. Agora, ele é obrigado a seguir na direção que o pescador deseja.

Uma isca de comunicação faz a mesma coisa. Captura a atenção do ouvinte para que você possa levá-lo no rumo que quiser.

Jesus estava sentado ao lado de um poço em Samaria quando uma samaritana aproximou-se com um recipiente para pegar água. Jesus olhou para ela e disse: "Dê-me um pouco de água!" A despeito do que estivesse pensando antes, a mulher instantaneamente se concentrou em Jesus. Primeiro, ficou chocada por ele ter lhe dirigido a palavra, sendo homem e judeu. Na cultura dela, homens não falavam com mulheres estranhas e judeus não falavam com os samaritanos, que eram desprezados. No entanto aquele judeu não apenas se dirigia a ela, mas pedia água. Ela respondeu: "Como o senhor, sendo judeu, pede a mim, uma samaritana, água para beber?" Jesus respondeu: "Se você conhecesse o dom de Deus e quem lhe está pedindo água, você lhe teria pedido e ele lhe teria dado água viva." Ela percebeu que ele não tinha como tirar a água e retrucou: "O senhor não tem com que tirar água e o poço é fundo. Onde pode conseguir essa água viva?" Jesus lhe deu uma resposta surpreendente: "Quem beber desta água terá sede outra vez, mas quem beber da água que eu lhe der nunca mais terá sede" (João 4:7-14).

Na conversa que se seguiu entre os dois, Jesus mencionou coisas do passado da mulher que estranho algum poderia conhecer. Ela ficou tão atônita e entusiasmada com aquela breve conversa que esqueceu a razão que a levara ao poço. Deixou a vasilha de lado e correu para contar aos homens da cidade que tinha encontrado o Messias.

Sem nenhuma tentativa de coagir, persuadir ou manipular a mulher, Jesus, em questão de minutos, comunicou de forma tão eficaz e persuasiva a sua mensagem que fez a mulher se tornar uma crente devota. E tudo começou quando Jesus "fisgou" sua atenção. A "isca" foi uma das mais eficazes que podemos usar – uma solicitação específica: "Dá-me de beber!" Uma solicitação ou uma pergunta específica sempre capturam a atenção do interlocutor. Uma pergunta genérica, do tipo "Como vai?", pode ser respondida com um "Bem" descompromissado, sem prender a atenção do outro. Porém, se eu perguntar "O que você comeu hoje no café da manhã?", você terá de interromper o que estava pensando e refletir para dar uma resposta. É por isso que uma pergunta *específica* é uma isca tão forte. Na conversa com a samaritana, Jesus usou duas outras iscas extremamente eficazes: afirmações fortes e referências pessoais. A afirmação de Jesus – "Quem beber desta água terá sede outra vez, mas quem beber da água que eu lhe der nunca mais terá sede" – é tão poderosa e intrigante que atrai inevitavelmente o ouvinte. Referir-se a alguém que o ouvinte conhece ou a fatos que aconteceram com ele também provoca o seu interesse. Se eu digo "Eu estava falando ontem com sua amiga, Marilyn, e ela mencionou algo que me surpreendeu", a referência pessoal fisga toda a sua atenção. O simples fato de citar o nome da pessoa conhecida cria uma imagem dela na mente do ouvinte e desperta uma forte curiosidade.

Há alguns anos, escrevi um roteiro para nossa linha de produtos Lori Davis para os cabelos, que tinha a cantora Cher como porta-voz. No roteiro para o infomercial, inseri uma pergunta específica com a qual quase todas as mulheres nos Estados Unidos podiam se identificar. Cher fisgou a atenção dos espectadores ao indagar: "Você já olhou para os seus cabelos no espelho e teve vontade de chorar?"

O uso de uma isca para obter a atenção plena de alguém é uma ferramenta poderosa. Mas, como a maioria das pessoas tem uma reduzida capacidade de concentração, é necessária uma segunda técnica para aumentar a atenção toda vez que você quiser dizer algo importante. Nesse caso, Jesus mais uma vez era um mestre absoluto. Para manter a atenção do ouvinte, ele usava uma técnica que Gary Smalley chama de "salgar". Ele a usava naturalmente, pois sua maneira de fazer as coisas derivava de sua natureza interior. A maioria de nós, porém, *não* é um comunicador nato. Para nos tornarmos comunicadores eficazes, precisamos *aprender* certas técnicas de comunicação. Depois, é necessário praticá-las e usá-las bastante para que se tornem naturais. A técnica de fisgar o ouvinte e "salgar" a mensagem é poderosa na comunicação. Uso essa técnica com todo mundo – da minha filha de 7 anos a grandes banqueiros; com pessoas isoladas e grandes plateias.

Mas o que seria salgar? Você já ouviu o ditado "Você pode levar um cavalo até a água, mas não pode obrigá-lo a beber"? Na verdade, não é bem assim. Posso fazer um cavalo beber toda vez que o levo até a água e você pode fazer o mesmo. Basta salgar a aveia dele antes. A aveia salgada provoca no cavalo a mesma coisa que pipoca salgada provoca em você: muita sede. Da mesma maneira, podemos "salgar" nossa conversa criando curiosidade a respeito do que vamos dizer *antes* de falar. Pense no exemplo da conversa de Jesus com a mulher no poço. Podemos vê-lo salgando suas afirmações. Veja a incrível dose de sal na seguinte afirmação: "Se você conhecesse o dom de Deus e quem lhe está pedindo água, você lhe teria pedido e ele lhe teria dado água viva." Jesus deixa a mulher sedenta para ouvir sua mensagem. Quem *não* iria querer conhecer o "segredo" do "dom de Deus" e da "água viva"? As duas afirmações seguintes acrescentam ainda mais sal: "Quem beber desta água terá sede outra vez, mas quem beber da água que eu lhe der nunca mais terá sede."

No momento em que Jesus vai esclarecer a verdade, a mulher está ansiosa para acolhê-la.

Há pouco tempo, fui convidado para falar para 5 mil empresários sobre vários tópicos do livro dos Provérbios. Afirmei para a plateia que o livro dos Provérbios revela a principal razão por que os relacionamentos declinam e, no fim, desmoronam. É o motivo pelo qual os casais se "desapaixonam" e acabam se divorciando. É o motivo pelo qual o relacionamento entre pais e filhos se desintegra. E é o principal motivo pelo qual os funcionários saem de uma empresa para ir trabalhar em outra. De forma surpreendente, essa afirmação também revela a maneira mais rápida e eficaz de reverter o fracasso e renovar os relacionamentos. Quando citei o provérbio, quase todos os homens e mulheres da plateia pegaram uma caneta e um papel para anotá-lo. Por quê? Porque tinham sido adequadamente "salgados". E se você também está curioso, a afirmação reveladora se encontra em Provérbios 13:12 e diz: "A esperança que se retarda deixa o coração doente, mas o anseio satisfeito é árvore de vida."

Então, agora você sabe como "fisgar" a atenção do seu ouvinte e "salgar" sua conversa com afirmações e perguntas que despertarão curiosidade. A seguir, quero mostrar uma técnica de comunicação que possibilitará ao interlocutor entender claramente o que você está dizendo e *sentir* o que você está sentindo.

Use "imagens verbais" para estimular a visão e os sentimentos da outra pessoa

"Uma imagem vale mil palavras", certo? Errado. Na comunicação, a imagem certa realizará o que *nenhuma* palavra pode realizar, nem mil, nem 100 mil, nem mesmo 1 milhão de palavras, a menos que a palavra crie uma imagem. Quando Jesus queria esclarecer um argumento de modo que os ouvintes não o esquecessem, ele usava palavras que criavam uma imagem e, muitas vezes, usava a realidade do ouvinte para criar essa imagem. Por exemplo, quando estava caminhando às margens do mar da Galileia, Jesus viu dois irmãos lançando redes de pesca ao mar e lhes disse: "Sigam-me e eu os farei *pescadores de homens*" (Mateus 4:19). Eles instantaneamente entenderam o que ele estava dizendo, largaram as redes e o seguiram. Com a samaritana, ele usou a imagem da água e de uma fonte. Em alguns casos, suas imagens verbais eram tão simples quanto uma única frase, mas, em outras, ele usava histórias mais longas, ou parábolas.

Por que as imagens verbais são muito mais poderosas e eficazes do que simples ideias? Um pensamento abstrato ativa o lado esquerdo do cérebro, ao passo que uma imagem verbal ativa o lado direito. O lado direito é o da "visualização" e também a sede das emoções. Uma imagem verbal permite que o ouvinte não apenas visualize o que a pessoa está dizendo, mas também *sinta* o que ela está sentindo. O método de comunicação mais eficaz e poderoso que um orador pode usar para transmitir uma visão clara e um sentimento poderoso é uma boa imagem verbal emocional.

O suplemento nutricional que minha empresa comercializa é completamente diferente de qualquer outro. O produto permite que as células do corpo produzam uma quantidade maior do antioxidante mais importante de todos, um tripeptídeo chamado glutationa. Quanto mais glutationa as células produzem, mais cheias de energia elas ficam e mais saudáveis se tornam. Muitos dos nossos distribuidores e clientes não conseguiam entender por que vale muito mais a pena tomar o suplemento nutricional do que apenas sucos ricos em antioxidantes ou suplementos vitamínicos antioxidantes, como as vitaminas C e E. Por mais que eu explicasse de forma analítica, muitos não compreendiam. Finalmente, criei uma imagem verbal que permitiu que todos percebessem claramente a diferença, conforme descrevo a seguir.

Ao beber um suco rico em antioxidantes ou ao usar um suplemento vitamínico antioxidante, como as vitaminas C e E, você está ingerindo uma substância que pode apagar *alguns* dos incêndios oxidantes em algumas células do seu corpo. Imagine uma floresta em chamas, com milhões de árvores ardendo. Agora, imagine um helicóptero carregando um grande balde de água. Ele despeja a água em uma parte da floresta e apaga instantaneamente o fogo em dezenas de árvores. Foi uma ação eficaz para aquelas árvores, mas o resto da floresta – milhões de árvores – continua queimando. É isso que você faz quando ingere um antioxidante. Está apagando alguns tipos de incêndios oxidantes em algumas células, mas não extingue a maioria dos incêndios na maioria das células. Ressaltei que, por outro lado, ao tomar nosso suplemento, você fornece a cada célula do seu corpo os nutrientes necessários para que ela fabrique uma quantidade maior do seu próprio antioxidante, a glutationa. É como se você conectasse todas as árvores da floresta a um lago subterrâneo e transformasse cada galho de árvore em um sistema de irrigação. Cada árvore apaga seu *próprio* incêndio. A glutationa é milhões de vezes mais poderosa do que as vitaminas C e E para apagar incêndios oxidantes e derrotar os radicais livres que atacam as células. Ao fornecer a cada célula um reservatório maior de glutationa, você fornece ao corpo um nível de defesa que nenhum outro antioxidante ingerido poderia proporcionar.

Quando compartilhei essa imagem verbal na convenção da nossa empresa, todos os distribuidores finalmente entenderam a diferença entre o nosso produto e todos os outros produtos do mercado. Além disso, usaram essa mesma imagem verbal para explicar a diferença aos clientes. O sucesso foi enorme, pois todos entenderam os benefícios.

Uso imagens verbais regularmente com minha família. Meu filho de 12 anos disse recentemente algo que magoou a irmã de 7 anos, que me procurou aos prantos. Ele se defendeu dizendo que não entendia qual era o problema, pois só dissera que ela era "chata" e não conseguia compreender a razão de tanta tristeza. Tomando emprestada uma das imagens verbais do terapeuta Gary Smalley, eu falei para Sean que, às vezes, dizemos aos outros coisas que achamos que são "pedrinhas". Jogamos essas pedrinhas em alguém pensando que não causarão nenhum mal. Infelizmente, o que é uma pedrinha para nós pode ser um pedregulho gigante para o agredido. Portanto, apesar de não termos a intenção de machucá-los, eles *se sentem* como se tivessem acabado de ser esmagados. Contei que tinha cometido esse mesmo erro algumas vezes. Pouco importa se *eu* acho que se trata apenas de uma pedrinha. O importante é verificar se para a outra pessoa aquilo é um pedregulho. Se for esse o caso, devo tentar desfazer o dano causado por minhas palavras ou ações.

Então Sean olhou para Hallie e perguntou:

– Hal, quando eu disse aquilo, você achou que tinha sido atingida por uma pedrinha ou por uma pedra gigante?

– Uma pedra gigante – respondeu ela.

Ele se sentiu péssimo e pediu desculpas, dizendo que lamentava muito ter deixado a irmã triste. Esse é o poder de uma boa imagem verbal: esclarecer uma mensagem e transmitir um sentimento poderoso.

Concentre-se nas verdadeiras questões e não na cortina de fumaça

Hoje, assim como no tempo de Jesus, as pessoas fogem das questões que podem magoá-las. Muitas vezes se comunicam de maneira a minimizar o risco de rejeição ou falam motivadas por frustração, medo, mágoa pessoal e até mesmo culpa. Como consequência, criam cortinas de fumaça para esconder seus verdadeiros sentimentos ou se comunicam expressando sua frustração, seus temores e suas mágoas. Infelizmente, nos deixamos levar por esse jogo, reagindo de forma equivocada. Reagimos às palavras e não às verdadeiras questões por trás delas. Em resumo, acabamos entrando num conflito que apenas prejudica a comunicação. Jesus não deixava que isso acontecesse. Ele rapidamente atravessava as cortinas de fumaça e se concentrava nas verdadeiras questões escondidas atrás delas. Para fazer isso, temos de (1) conhecer a verdadeira questão que está motivando o comportamento ou os comentários do outro, (2) deixar que o outro diga o que tem a dizer, *sem* reagir nem desafiá-lo, e (3) pacientemente fazer perguntas para tentar descobrir a questão central.

Jesus tinha um talento natural para isso. O mesmo não acontece conosco. Para nós, a descoberta das *verdadeiras* questões requer tempo, paciência, perguntas minuciosas e abertura para ouvir e entender o outro. Quase sempre isso vai de encontro à nossa natureza e à maneira como nos comportamos tanto na vida pessoal quanto na profissional. No entanto é absolutamente necessário adotar esse comportamento quando temos uma mensagem importante a transmitir. Salomão disse: "Quem controla a língua é sensato" (Provérbios 10:19). Ele também disse: "Quem responde antes de ouvir comete insensatez e passa vergonha" (Provérbios 18:13).

Seja interativo

É muito mais fácil fazer um sermão do que genuinamente interagir com alguém. Só que as pessoas esquecem a maior parte do que é dito em um sermão. Por outro lado, quando interagimos, nosso interlocutor retém muito mais informações. De certa maneira, ele se apropria da comunicação. Consequentemente, seu interesse, sua concentração e sua abertura aumentam. Jesus usava com frequência diálogos e comunicação interativa.

Os fariseus eram líderes religiosos rígidos. Desesperados para anular a influência de Jesus, criaram um plano para que ele caísse em uma armadilha usando suas próprias palavras. Conceberam três perguntas ardilosas cujo objetivo era deixá-lo sem saída. Eram perguntas que só podiam ser respondidas criando divisão, controvérsia e raiva entre seus seguidores. Fizeram as três perguntas diante da multidão, supondo que, quaisquer que fossem as respostas de Jesus a elas, jogariam parte das pessoas contra ele. A primeira foi: "É lícito pagar impostos a César?" Se ele respondesse "não", seria acusado de traição e poderia ser executado pelas autoridades romanas que governavam a Judeia. Se respondesse "sim", estaria defendendo a prestação de homenagens a César, o imperador romano. Como César afirmava ser um deus, prestar homenagem a ele seria uma violação da lei hebraica, uma blasfêmia. Isso daria aos fariseus e à multidão o direito de apedrejar Jesus imediatamente.

Jesus percebeu o que eles estavam fazendo e condenou-os, chamando-os de hipócritas. Mas *não* se esquivou da pergunta. Em vez disso, respondeu de maneira interativa. Pediu que eles mostrassem uma moeda. Então, perguntou: "De quem é esta imagem e a inscrição?" Eles responderam: "De César." Jesus deu então uma resposta que surpreendeu os fariseus e deixou a multidão perplexa. Disse: "Então deem a César o que é de César e a Deus o que é de Deus" (Mateus 22:17-21). Sua conclusão era indiscutível: como a imagem de César está na moeda, dê o dinheiro dos impostos a ele – e como o homem é feito à imagem de Deus, entregue-se total e incondicionalmente a Deus.

Os fariseus prosseguiram fazendo duas outras perguntas cujo objetivo era, de novo, fazer Jesus cair em uma armadilha. Mais uma vez, suas respostas aniquilaram os esforços deles, que nunca mais tentaram armar ciladas verbais para Jesus. Ficou evidente que a sabedoria, o raciocínio e a capacidade de comunicação de Jesus eram infinitamente superiores não apenas aos deles, mas até aos de Salomão.

Sendo assim, como podemos tornar nossa comunicação interativa? Faça perguntas a outra pessoa ou tente representar papéis com seu ouvinte.

Gary Smalley ensina aos casais um método de comunicação interativa que ele chama de "conversa *drive-thru*". Imagine-se na janela de uma lanchonete *drive-thru*. Você diz:

– Quero um sanduíche duplo com maionese extra, sem mostarda, uma porção grande de batatas fritas e um refrigerante médio.

Então, uma voz repete:

– Um sanduíche duplo sem maionese, com mostarda extra, uma porção média de batatas fritas e um refrigerante grande.

– Não, não! Maionese EXTRA, SEM mostarda, uma porção GRANDE de batatas fritas e um refrigerante MÉDIO! – você repete.

Depois de duas ou três tentativas, o funcionário que está anotando o pedido finalmente entende *exatamente* o que você quer.

Na terapia de casais, um dos dois compartilha seus pensamentos e sentimentos *sem ser interrompido* pelo cônjuge, que escuta até que o primeiro tenha terminado. O ouvinte então repete com as próprias palavras o que acha que o outro disse. O primeiro o corrige se houve algum mal-entendido, com algo do gênero: "Quase, mas não é exatamente isso. O que estou dizendo é..." Depois, cria uma imagem verbal para ajudar a esclarecer o que está querendo transmitir. Esse processo é repetido até que o ouvinte entenda tudo o que o interlocutor está dizendo. Na maioria das vezes, segundo Gary, o ouvinte só entende inteiramente o outro na segunda ou terceira vez. Quando isso acontece, em uma questão de minutos os dois progridem para uma compreensão muito mais clara, quase perfeita. Em seguida, invertem-se os papéis e o ouvinte da primeira etapa passa a falar.

Essas técnicas de comunicação podem fazer toda a diferença

Depois de me formar em 1970, meu primeiro emprego foi como trainee de gerência em uma empresa de seguros de vida. Disseram-me que, em média, um vendedor de seguros precisa de pelo menos três encontros de uma hora para vender uma apólice. Essa era a média de todo o setor. Seis anos mais tarde, comecei a vender produtos baratos diretamente para os consumidores na televisão. Um dia, meu sócio me perguntou se eu achava que podia criar um comercial de dois minutos capaz de vender seguros de vida diretamente para os consumidores. Meu primeiro pensamento foi: "Se um vendedor profissional de seguros de vida precisa de três encontros de uma hora para vender uma apólice, como é que posso vender uma em 120 segundos?"

Na época, ninguém tinha conseguido vender seguros de vida por meio de um comercial de televisão de resposta direta, embora várias das maiores seguradoras já tivessem tentado. Mas, após pensar um pouco a respeito, eu disse ao meu sócio que achava que conseguiria. As técnicas de comunicação que eu vinha usando por mais de um ano já estavam quebrando todos os recordes de respostas no setor de marketing televisivo.

Lançamos nossa primeira campanha tendo o senador Sam Ervin como porta-voz. Funcionou tão bem que, nos 10 anos seguintes, nossas campanhas televisivas de dois minutos, com mais de uma dezena de garotos-propaganda célebres, geraram milhões de clientes em potencial e venderam centenas de milhares de apólices de seguro de vida. Sim, essas técnicas funcionam milagrosamente *onde quer* que sejam aplicadas – em casa, no trabalho, com ouvintes de qualquer idade e origem.

Em vez de ficar frustrado porque os interlocutores talvez não entendam o que você está tentando dizer, saiba que isso é normal. Como Jesus afirmou, quando as pessoas veem, muitas vezes não veem e quando ouvem, muitas vezes não ouvem. Para que entendam, para que realmente captem sua visão, você precisa se tornar um comunicador mais eficaz e persuasivo. Usando as técnicas que Jesus usou e praticando-as regularmente, posso garantir que você se tornará mais eficaz e persuasivo do que jamais sonhou ser.

A COMPREENSÃO TRANSFORMA MENTES, A AÇÃO TRANSFORMA VIDAS

Turbinando sua mensagem

1. Pense em uma questão importante que você recentemente comunicou em seu trabalho ou em casa – ao seu chefe, cônjuge ou a um de seus filhos. Redija um resumo do que você disse.
2. Descreva a mentalidade da pessoa à qual você comunicou a mensagem. Se você não a *conhece*, cometeu o primeiro erro ao se comunicar a partir da *sua* perspectiva e não a partir da perspectiva do interlocutor.
3. Pensando na mentalidade *do interlocutor*, crie uma declaração inicial com uma "isca" poderosa – uma afirmação forte, uma pergunta específica ou uma referência pessoal.
4. Escreva os argumentos mais importantes que você desejava comunicar, depois anote declarações ou perguntas que você poderia ter usado para "salgar" o que foi dito a fim de criar um nível mais elevado de curiosidade *antes* da apresentação de cada argumento.
5. Anote analogias simples ou imagens emocionais que comuniquem claramente ou reforcem seus principais argumentos, criando pequenas histórias ou imagens capazes de fazer com que o ouvinte entenda a importância de adotar o plano de ação que você gostaria que ele seguisse.
6. Sua comunicação pareceu um "sermão" ou teve um "estilo interativo"? Você consegue pensar em táticas que poderiam ter sido usadas para torná-la mais interativa?

CAPÍTULO 7

Uma CONDUTA que comove homens e mulheres

"Mas Jesus inclinou-se e começou a escrever no chão com o dedo." - João 8:6

Jesus subiu em uma barca com os discípulos e zarpou para cruzar o mar da Galileia. Enquanto dormia no convés inferior, uma forte tempestade desabou e as ondas que arrebentavam contra a barca começaram a cobrir a embarcação e a aterrorizar os homens a bordo. Os discípulos desceram correndo até o convés inferior e acordaram Jesus. Em pânico, gritavam: "Salva-nos!" Ele perguntou com calma: "Por que vocês estão com tanto medo, homens de pequena fé?" Depois, levantou-se e "repreendeu os ventos e o mar". O vento imediatamente parou e o mar se acalmou. Todos ficaram atônitos e começaram a perguntar uns aos outros: "Quem é este que até os ventos e o mar lhe obedecem?" (Mateus 8:23-27).

Embora o relato se concentre sobretudo no poder milagroso de Jesus sobre as forças aparentemente implacáveis da natureza, estou mais interessado na *maneira* como ele *agiu*. Pois não foi *o que* Jesus fez que o distinguiu dos homens comuns, mas *como* o fez. Note que ele estava dormindo tranquilo durante uma tempestade. Ao ser despertado de um sono profundo, não reagiu ao comportamento de pânico de seus aterrorizados discípulos nem às águas ameaçadoras da tempestade. Na verdade, permaneceu calmo e tratou primeiro dos discípulos, *antes* de tratar da tempestade. Por quê? Ele tratou primeiro de uma questão que considerava muito mais terrível do que a tempestade: a falta de fé dos discípulos e os temores por ela produzidos. Em vez de *reagir* agitadamente a uma situação tensa, *respondeu* com calma às necessidades das pessoas à sua volta. Esse tipo de comportamento excepcional contraria a natureza humana e nossas inclinações. Mas, para Jesus, era muito natural. Foi um aspecto *típico* da sua conduta ao longo da vida, estivesse ele falando com seus discípulos ou dirigindo-se à multidão. Suas ações emanavam das partes mais profundas do seu ser. Os seres humanos comuns não são tão privilegiados. No entanto, aprendendo com o exemplo de Jesus e seguindo-o, podemos começar a adotar uma *conduta* capaz de acarretar mudanças milagrosas em nossas vidas e em nossos relacionamentos e de trazer sucesso a tudo o que fazemos.

Nossa conduta pode acelerar o sucesso ou apressar o fracasso

O modo como Jesus agia e se comunicava sempre *intensificava* sua mensagem, em vez de atrapalhá-la ou contradizê-la. Muitas vezes, fracassamos em vários aspectos não por falta de inteligência, experiência ou competência, mas por causa da *maneira* como agimos. Nos relacionamentos, muitos dos nossos erros, desvios, conflitos e fracassos *não* se devem a más intenções ou motivos escusos, mas resultam da nossa conduta apenas. Um comentário infeliz ou uma ação impulsiva podem se tornar obstáculos intransponíveis em nossos relacionamentos, impedindo que os outros ouçam o que estamos tentando dizer ou que entendam o que estamos querendo realizar.

Durante anos, a American Telecast comercializou produtos criados por inventores brilhantes e os nossos porta-vozes eram grandes celebridades. Criar e manter bons relacionamentos com pessoas desse tipo é crucial para o sucesso de nossos planos. Sempre nos sentamos à mesa com ótimas intenções e projetos minuciosamente avaliados. E as celebridades e os inventores com os quais trabalhamos sempre se sentam à mesa com a esperança de criar um produto de sucesso e também com o desejo de não manchar a própria imagem. No entanto vi várias reuniões terminarem em desastre simplesmente por causa da *maneira* como nossas ideias foram apresentadas ou pelo jeito como os outros reagiram às nossas apresentações. Uma pessoa com um estilo de comunicação objetivo e franco pode ser considerada indelicada ou até mesmo grosseira por um artista demasiado sensível. Adoro negociar com pessoas abertas, porque elas me permitem ir direto ao assunto e tratar das questões importantes. Mas vi vários famosos reagirem com grande irritação, quase mandando por água abaixo um contrato, por interpretarem essa franqueza e objetividade de comunicação como impaciência ou falta de educação.

Há algum tempo, uma das minhas empresas teve acesso a um novo produto que representava um grande avanço em sua categoria. O produto tinha sido desenvolvido e patenteado por uma importante universidade e os testes de laboratório foram realizados por outra instituição de ensino superior. Os resultados nos surpreenderam. Nossa equipe de gestão passou meses negociando uma licença exclusiva para comercializar aquele produto, que tinha o potencial de gerar uma verdadeira fortuna. Mas as negociações foram interrompidas e perdemos aquela oportunidade extraordinária. Por que razão, se nenhuma das partes queria que isso acontecesse? A causa do impasse foi a *conduta* dos dois executivos que comandavam as negociações. Ambos tinham pouca paciência e se tornaram agressivos em suas conversas. Felizmente, o acordo foi refeito mais tarde por outro representante da nossa empresa. Dessa vez, cada uma das partes estava muito concentrada no *modo* como agia em relação à outra enquanto decidiam os detalhes do acordo. Infelizmente, o atraso roubou dois meses do nosso cronograma de produção – e esses dois meses nos custaram milhões em vendas perdidas. O impasse e o atraso poderiam ter sido evitados. Não era necessário mudar a linguagem ou os termos do acordo. Tudo o que precisávamos ter feito era mudar a maneira como os negociadores agiam e falavam.

Uma demonstração incrível da conduta divina na ação humana

Um dia, enquanto Jesus pregava para um grupo de pessoas no pátio do templo de Jerusalém, um grupo de líderes religiosos abriu caminho no meio da multidão e pôs uma mulher sentada à sua frente. Alegaram que ela fora surpreendida cometendo adultério. Disseram-lhe: "Moisés nos ordena apedrejar tais mulheres. E o senhor, o que diz?"

Jesus sabia que estavam tentando fazê-lo cair em uma cilada com outra pergunta ardilosa. Se respondesse "Obedeçam à lei", eles a matariam ali mesmo e demonstrariam à multidão que Jesus não tinha compaixão nem misericórdia e por isso não podia ser o Messias. Por outro lado, se dissesse "Deixem-na em paz", estaria mandando que infringissem a lei de Deus e seria culpado de blasfêmia. Mas, em vez de atender à exigência de uma resposta urgente e cair na armadilha, Jesus agiu como se não os ouvisse. Simplesmente inclinou-se e começou a escrever com o dedo na terra. Quando o pressionaram para que desse uma resposta, ele se levantou e disse: "Se algum de vocês estiver sem pecado, seja o primeiro a atirar uma pedra nela."

Depois, inclinou-se e voltou a escrever mais palavras na terra. O apóstolo João relatou que os homens se sentiram "acusados pela própria consciência" e, sem dizer outra palavra, foram largando as pedras e se retirando, um a um (João 8:3-9).

Em um breve momento, Jesus disse e fez algo que obrigou os

homens a vasculhar a própria consciência e a deparar-se com suas culpas. O que Jesus fez para atingir um resultado tão poderoso? Afinal de contas, aqueles hipócritas empedernidos e moralistas tinham ido até lá com pedras nas mãos, sedentos de sangue. Eles se achavam no direito de apedrejar a mulher até a morte. Seus líderes também esperavam poder desmascarar Jesus como um falso profeta. No entanto, em uma questão de minutos, ele conseguiu desviar as expectativas e os projetos daqueles homens. Como? Será que eles despertaram e se converteram, transformando-se em um grupo de santos arrependidos? Não foi bem isso o que aconteceu, já que esse mesmo grupo continuou a tramar a morte de Jesus até o momento em que ele foi sentenciado por Pilatos. No entanto eles largaram as pedras e partiram. Por quê?

O Dr. James Borror, que foi meu pastor, era um estudioso do dialeto grego no qual o Novo Testamento foi escrito. Há alguns anos, ele me disse que acreditava saber por que aqueles homens obstinados tinham largado as pedras e partido. Ele supunha que as "palavras" que Jesus escrevera na terra eram *nomes* – os nomes das mulheres com as quais aqueles homens cometeram adultério. À medida que via o nome da própria amante, cada um deles largava sua pedra e partia. A causa da desistência não fora um despertar espiritual, mas o temor de que Jesus *revelasse* seus segredos para a multidão. Nenhum deles quis se arriscar e arcar com as possíveis consequências. Lembre-se de que aqueles eram os homens mais "religiosos" de Jerusalém. Eram eles que julgavam o comportamento dos outros e os condenavam publicamente por causa da menor das infrações. Você consegue imaginar a humilhação a que seriam submetidos se toda a comunidade viesse a saber que tinham cometido adultério? Como o Dr. Borror me disse, o texto grego poderia ser traduzido com precisão da seguinte maneira: "Se algum de vocês estiver sem *este* pecado, seja o primeiro a atirar uma pedra nela."

Por mais surpreendente que tenha sido a resposta de Jesus àqueles hipócritas religiosos, sua resposta à mulher adúltera foi ainda mais admirável. Ela havia sido flagrada cometendo adultério com um homem casado. Foi humilhada, aterrorizada e estava sofrendo o peso insuportável da culpa e da vergonha. Ao se sentar sozinha, "espiritualmente nua" e exposta perante Jesus, ela deve ter se perguntado o que ele diria. Jesus não podia mentir - não podia de forma alguma afirmar que o comportamento dela era aceitável. Afinal, ela contribuíra para que um homem casado traísse a confiança sagrada da própria mulher. Ela violara um dos Dez Mandamentos que a sociedade considerava uma lei sagrada. Jesus, mais do que ninguém, conhecia plenamente a culpa da mulher e a exigência da Lei Mosaica. Mas ele olhou para ela e perguntou: "Mulher, onde estão eles? Ninguém a condenou?" Ela respondeu: "Ninguém, Senhor." Ele então disse: "Eu também não a condeno. Agora vá e abandone sua vida de pecado" (João 8:10-11).

Jesus era o único no mundo que poderia tê-la condenado com razão e justiça, pois, ao contrário dos hipócritas religiosos, ele nunca cometera qualquer pecado. Mas, em vez disso, ofereceu amor e misericórdia, quando justiça era exigida. Ele *perdoou* aquele pecado. Mas não o negou nem o desculpou. Disse à mulher para mudar e abandonar o comportamento pelo qual acabara de ser perdoada. Obedeceu com amor a Lei de Moisés e a Lei do Amor. Não apenas corrigiu a mulher com amor, como também indicou-lhe, de maneira gentil porém firme, um novo caminho. Pense como seria nosso mundo se todos nós agíssemos dessa maneira.

Aplicando a conduta de Jesus ao nosso comportamento

Embora nunca venhamos a ter a sabedoria, a intuição ou o conhecimento dos motivos alheios que Jesus possuía, podemos aprender lições poderosas e transformadoras observando sua conduta ao reagir a determinada situação. No caso citado, ele não *reagiu* emocionalmente à pergunta ou às intenções insidiosas de seus detratores. Jesus não se precipitou. Em vez disso, ouviu e formulou uma resposta sensata. E em vez de atacá-los da mesma maneira, lançou uma pergunta que os fez parar e pensar.

Geralmente, quando reagimos de forma rápida e emotiva demais a perguntas ou acusações, jogamos lenha na fogueira que outros acenderam. O que dizemos ou fazemos muitas vezes piora a situação. Em vez de nos precipitarmos, devemos parar, como Jesus fez, e, com calma, apresentar uma resposta ponderada. Como Jesus, devemos trabalhar para apagar o fogo e não para atiçá-lo. Quando alguém lança um comentário ou uma pergunta incendiária na minha direção, faço um esforço para esperar um instante. Às vezes respondo: "Sua pergunta é importante demais para que eu dê uma resposta impensada. Por favor, espere um momento e responderei da maneira sensata que você merece." Nunca ninguém me retrucou: "Não! Quero uma resposta imediatamente."

Se eu disse ou fiz algo que magoou outra pessoa, peço desculpas e acrescento: "Sinto muito pela mágoa que causei. Há alguma maneira de melhorar as coisas ou reparar o dano?" Se a pessoa diz que está tudo bem, eu insisto, para que ela saiba que meu pedido é sincero: "Deve haver algo que eu possa fazer... Preciso de sua ajuda para descobrir. Por favor, me diga." A pessoa geralmente indica uma ou duas ações que posso realizar para ajudar a resolver o problema que causei. Seguindo a conduta de Jesus, cada um de nós pode reagir às situações mais negativas de maneira a ajudar os outros a ouvir o que estamos dizendo em vez de rejeitarem logo nossa proposta. Como podemos seguir a conduta de Jesus? Comece estudando suas palavras, reações e seu comportamento em várias histórias relatadas no Novo Testamento. Ao mesmo tempo, tente descobrir por que Jesus reagiu daquela forma e procure meios de aplicar o mesmo tipo de raciocínio e comportamento às situações cotidianas.

Nossa "lista de verificação de conduta"

Para pensar a respeito da conduta de Jesus e aplicá-la à nossa própria vida, necessitamos de uma espécie de guia.

Primeiro, precisamos verificar onde nos encontramos hoje. A lista de verificação abaixo vai ajudá-lo a determinar seu comportamento e sua conduta atuais.

1. Você *reage* a situações negativas deixando-se levar pelas emoções e pela agitação ou *responde* calmamente, com sabedoria, perspicácia e objetividade?
2. Você espera ser procurado pelos outros ou os procura?
3. Você tem facilidade para falar e dificuldade para escutar ou ouve cuidadosamente antes de falar?
4. Você interpreta os outros a partir do seu ponto de vista ou procura primeiro levar em consideração a mentalidade e os valores deles?
5. Você se interessa por quem está à sua volta?
6. Você é sensível às necessidades alheias?
7. Você prefere receber dos outros ou está sempre procurando dar de si?
8. Sua vida é marcada por ressentimento (queixas, reclamações, inveja) ou você se sente grato pelas inúmeras dádivas em sua vida?
9. Você *acalma* os outros quando há desavença ou, no calor do momento, tende a incitar a discórdia?
10. Você critica e tende a apontar os erros das pessoas ou procura ajudá-las a crescer?
11. Em relação aos que estão à sua volta, você é crítico e desaprovador ou encorajador e tolerante?
12. Você responde aos outros com gentileza ou reage duramente?
13. Você demora a servir, mas espera ser servido depressa, ou procura sempre atender primeiro a outra pessoa?

Se você não sabe como responder a qualquer uma dessas questões, pergunte às pessoas que o conhecem melhor o que elas acham. Depois de reconhecer seu comportamento cotidiano, você terá uma noção dos pontos em que precisa melhorar para ter uma conduta mais parecida com a de Jesus.

Quando estava na oitava série, um dos meus filhos decidiu se candidatar a um cargo estudantil. Ele trabalhou com afinco para satisfazer todas as exigências relativas ao cargo. Produziu um vídeo no qual Chuck Norris apontava para a câmera e dizia "Vou votar em Ryan e espero que você faça o mesmo... ou sofra as consequências!" antes de abrir um sorriso conquistador. Ryan também fez pôsteres em que Chuck o abraçava e sorria, com um slogan semelhante ao do vídeo. Ele foi para a escola extremamente empolgado com a campanha que tinha preparado para a assembleia que seria realizada naquele dia. Mas, ao chegar lá, soube que não poderia concorrer porque sua média em comportamento estava um pouco abaixo do patamar mínimo de qualificação. Quando perguntou o motivo, o diretor indicou o número de atrasos no semestre anterior. O diretor não sabia que os atrasos ocorreram porque Ryan tinha quebrado o pé e era obrigado a ir de uma sala de aula para outra usando muletas.

Ryan chegou em casa arrasado. Na manhã seguinte, fui ao gabinete da direção e defendi os argumentos do meu filho junto ao vice-diretor. Mas era tarde demais. A decisão já tinha sido tomada e Ryan não poderia participar da eleição. Havia muito tempo que eu não ficava tão irritado. Fiz alguns comentários bruscos, falando em um tom de voz suficientemente alto para que todo o pessoal que trabalhava ali ouvisse. Enquanto eu saía apressadamente do gabinete, ouvi uma das secretárias murmurar uma palavra nada lisonjeira a meu respeito. Nos meses seguintes, ela desviava o olhar quando eu ia ao gabinete e os outros funcionários me ignoravam.

No início do novo ano letivo, decidi fazer um esforço para agir de modo diferente com todas as pessoas que trabalhavam na secretaria da escola, inclusive a mulher que fizera aquele comentário. Resolvi ter uma conduta mais parecida com a de Jesus. Em seu famoso Sermão da Montanha, Jesus disse: "Amem os seus inimigos" (Mateus 5:44). Ele estava falando de amar aqueles que realmente nos odeiam, aqueles que nos amaldiçoam na nossa frente e nos criticam pelas costas. Aquela secretária não me odiava, ela simplesmente tinha reagido à *minha* reação exagerada. Então, decidi seguir a conduta de Jesus e tentar amá-la e amar os outros funcionários da secretaria. Embora eu fosse à secretaria da escola apenas uma ou duas vezes por mês, fiz um esforço consciente para falar e sorrir para as duas secretárias, e perguntar como estavam. A mudança na atitude delas em relação a mim foi maravilhosa. Quando eu disse que compreendia o comentário irritado que uma delas fizera a meu respeito, as duas começaram a rir. Pediram desculpas e falaram que, na véspera, tinham comentado como ficaram encantadas com a mudança no meu comportamento. Expliquei que eu sempre procurava ser gentil com as pessoas, mas ficara indignado com o que acontecera com meu filho e por isso tinha agido de forma grosseira. Agora, estava tudo resolvido. Que diferença um simples gesto pode fazer! Ficamos com impressões erradas uns dos outros com base na conduta gerada por uma reação isolada. Mas a questão mais importante, que nunca vou esquecer e que espero que vocês também nunca esqueçam, é a seguinte: quando *minha* conduta em relação a elas mudou e se tornou mais coerente com o exemplo dado por Jesus, nosso relacionamento também mudou de maneira instantânea e permanente. Agora, sempre que vou à escola, nos encontramos com muita alegria.

O poder de uma conduta que reflete nosso significado, nossa missão e nossa mensagem

Um dos grandes obstáculos à nossa plena realização é o descompasso entre nossa conduta e nossas mensagens, missões e significados. Nossa conduta muitas vezes contradiz e até mesmo compromete gravemente nossos significados e intenções. Isso pode levar os outros a ignorar nossas ideias e objetivos, e fornecer aos nossos adversários e concorrentes uma ferramenta para nos derrotar. Corremos o risco de ser considerados hipócritas, pouco confiáveis, incompetentes ou algo ainda pior.

Isso não acontecia com Jesus. Sua conduta era a expressão e a demonstração perfeitas de seu significado, sua missão e sua mensagem. Era a mais poderosa *demonstração* da verdade e da incrível força da sua mensagem.

Uma de suas missões era servir e salvar a raça humana. Para realizá-la, ele precisava levar uma vida *perfeitamente* íntegra em todos os pensamentos, palavras e atitudes. Qualquer um pode dizer "Quero servir", mas é muito difícil servir de fato os outros com total dedicação. Quase todos os casais prometem amar e servir seu parceiro "até que a morte os separe". No entanto mais da metade dos casamentos não termina com a morte, mas com o divórcio. Falar é fácil, difícil é *fazer*.

Jesus não *disse* apenas que daria a própria vida em resgate da nossa, mas entregou-se totalmente à missão de fazê-lo. Três anos mais tarde, quando os guardas chegaram para prendê-lo, ele não fugiu. Quando seu discípulo desembainhou a espada para evitar sua prisão e decepou a orelha de um dos guardas, Jesus mandou que ele a guardasse, dizendo: "Você acha que eu não posso pedir a meu Pai, e ele não colocaria imediatamente à minha disposição mais de 12 legiões de anjos? Como então se cumpririam as Escrituras que dizem que as coisas deveriam acontecer desta forma?" (Mateus 26:53-54). Em seguida, curou a orelha do guarda. Mas não parou por aí. Quando o governador romano que aparentemente controlava seu destino disse "Não sabe que tenho poder para soltá-lo e para crucificá-lo?", Jesus nem sequer *pediu* que sua vida fosse poupada. Libertou o governador desse fardo. Jesus não faria ou diria nada que comprometesse sua missão. Além do mais, sua conduta era uma demonstração perfeita da sua mensagem de amor incondicional e do seu perdão infinito.

Quando proferiu o Sermão da Montanha no início de sua vida pública, Jesus disse: "Não resistas ao perverso. Se alguém o ferir na face direita, ofereça-lhe também a outra" (Mateus, 5:39). E continuou: "Amem os seus inimigos e orem por aqueles que os perseguem" (Mateus 5:44). Na noite de sua prisão, ele se comportou de uma maneira que foi uma demonstração perfeita do que dissera. Mesmo enquanto estava pendurado na cruz, lutando para respirar, ele amou, consolou e passou confiança a um ladrão arrependido que estava na cruz ao seu lado. Estendeu seu amor aos inimigos, aos homens que zombaram dele, que o despojaram, humilharam e pregaram na cruz, suplicando: "Pai, perdoa-lhes, pois não sabem o que estão fazendo" (Lucas 23:34). Em todas as ocasiões e eventos registrados nos Evangelhos, sua conduta sempre demonstrou seu significado, sua missão e sua mensagem. Por isso essa mensagem tem uma força incomparável, mesmo após 20 séculos de história humana.

Quando a conduta se torna um reflexo e uma demonstração da mensagem e do significado, a missão ganha uma força realmente extraordinária.

A COMPREENSÃO TRANSFORMA MENTES, A AÇÃO TRANSFORMA VIDAS

Elevando sua conduta

1. Anote uma situação recente na qual sua conduta ou sua comunicação afastou-se ou comprometeu sua mensagem ou missão – uma situação em que você agiu ou reagiu precipitadamente.
2. Em retrospecto, descreva de que forma você poderia ter respondi-

do à mesma situação, adotando uma conduta que teria dado força à sua mensagem ou missão em vez de sabotá-la ou enfraquecê-la.

3. Imagine uma situação futura na qual você queira comunicar com eficácia uma mensagem, realizar uma missão específica ou obter determinado resultado. Depois, anote algumas ideias sobre a *conduta* ou a comunicação que você poderá usar para dar força à sua mensagem ou missão.

Verificação de conduta

1. Procure reagir calmamente, com sabedoria, perspicácia e objetividade, para apagar incêndios em vez de atiçar fogueiras com sua *reação*.
2. Ouça primeiro – não interrompa, deixe o outro falar até o fim e não mude logo de assunto quando falar.
3. Ouça interativamente, fazendo perguntas que se restrinjam ao que o outro está dizendo.
4. Aborde os outros a partir da mentalidade *deles*.
5. Faça um esforço para se tornar mais empático em relação às preocupações e necessidades alheias.
6. Tente ser mais compassivo.
7. Comece a olhar para os outros pensando no que você pode *dar* em um relacionamento e não apenas no que você pode receber.
8. Toda vez que você começar a pensar nos aspectos negativos de uma situação, esforce-se para substituir esse pensamento, concentrando-se nas coisas positivas pelas quais você é grato.
9. Quando presenciar uma discussão, concentre-se nas formas de *acalmar* os outros em vez de contribuir para a discórdia.
10. Faça um esforço diário para ser mais encorajador e tolerante em vez de crítico e desaprovador.
11. Esforce-se para responder ao conflito com gentileza em vez de reagir agressivamente.
12. Esteja disposto a servir e não espere apenas que os outros o sirvam.

CAPÍTULO 8

MÉTODOS que produzem milagres

"Andando à beira do mar da Galileia, Jesus viu dois irmãos: Simão, chamado Pedro, e seu irmão André. Estavam lançando redes ao mar, pois eram pescadores. E disse Jesus: 'Sigam-me e eu os farei pescadores de homens.' No mesmo instante eles deixaram suas redes e o seguiram." – Mateus 4:18-20

Jesus certamente tinha todo o amor, o poder, a sabedoria e o conhecimento de que precisava para realizar absolutamente qualquer coisa que estivesse determinado a fazer. Se havia alguém que não precisava da ajuda dos outros para cumprir seus objetivos e missões, esse era Jesus. No entanto, inicialmente ele escolheu um grupo de homens para proclamar sua mensagem. E, nos séculos que se seguiram, aquela mesma parceria foi estendida a milhões de homens e mulheres.

Ao optar por formar uma parceria com outras pessoas para proclamar sua mensagem, Jesus estabeleceu o padrão de ouro da liderança. Suas estratégias e habilidades de parceria e orientação foram inigualáveis. Por que isso é tão importante? Porque ninguém – a não ser Jesus – realiza algo extraordinário sozinho. Estude a vida de qualquer pessoa que já realizou algo significativo e você verá que ela estabeleceu parcerias na realização de seus feitos. Infelizmente, nossa cultura não ensina as estratégias, habilidades e técnicas necessárias para estabelecer parcerias eficazes. E, sem elas, somos apenas capazes, na melhor das hipóteses, de produzir resultados medíocres. Ao examinarmos cuidadosamente a vida de Jesus, podemos ver todas essas estratégias e habilidades claramente ilustradas.

O estabelecimento de parcerias eficazes transformou John D. Rockefeller de um contador que ganhava 4 dólares por semana em um dos homens mais ricos do mundo. Foi também o que transformou Bill Gates e Paul Allen, dois desempregados aficionados por informática, nos donos da Microsoft. E ajudou a transformar Helen Keller, de uma criança zangada e frustrada que não conseguia se comunicar porque era cega e surda, em uma das escritoras e palestrantes mais inspiradoras do século XX.

Como as parcerias eficazes transformaram minha vida

Em 1970, eu me formei em marketing pela Escola de Administração da Universidade do Estado do Arizona. Como já contei, nos seis anos seguintes fracassei repetidamente, inclusive levando à falência duas empresas que havia fundado. Depois, Bob Marsh me recrutou e se tornou meu sócio e mentor. A empresa que acabamos fundando, a American Telecast Corporation, tem sido muito mais bem-sucedida do que eu jamais poderia sonhar. Nesse emprego, comecei a usar 15 estratégias do livro dos Provérbios. Muitas vezes me perguntaram: "Das suas 15 estratégias, qual é a mais importante?" Eu diria: "Todas são extremamente importantes. Porém, a mais *poderosa* é o *estabelecimento de parcerias eficazes*."

O que é o *estabelecimento de parcerias eficazes*?

Existem três maneiras de colocar em prática qualquer empreendimento ou projeto. A primeira é enfrentá-lo sozinho. É isto que nosso sistema educacional e o mundo em geral ensinam: tudo depende de *você*. Na minha experiência, porém, tal abordagem gera, na melhor das hipóteses, apenas mediocridade. Por ser egocêntrica, essa forma de agir nos impede de alcançar níveis extraordinários de sucesso e de ser realmente felizes e realizados.

As outras duas maneiras de colocar em prática um empreendimento ou projeto envolvem parcerias. A forma mais comum de se estabelecer uma parceria é associando-se a quem aparecer ou a amigos próximos, o que geralmente resulta em uma parceria *ineficaz*. Talvez ela produza resultados melhores do que um esforço solitário, mas, infelizmente, esses resultados, em geral, estão longe de ser excelentes e, algumas vezes, podem ser desastrosos.

Quando dou aulas sobre parcerias, sempre há pessoas na plateia que me contam histórias terríveis relacionadas a experiências nesse campo. Algumas perderam suas economias, outras romperam com amigos e parentes e outras ainda perderam até mesmo a liberdade porque se associaram a pessoas pouco honestas que levaram a empresa por um caminho ilícito. Tenho um grande amigo que nem sequer *pensaria* em fazer algo que não fosse ético, muito menos ilícito. Mas, sem que ele soubesse, seu sócio infringiu uma lei federal e o juiz puniu exemplarmente os dois.

Quando falo sobre parcerias, não estou me referindo a sócios ou parceiros no sentido jurídico. Um parceiro pode ser um mentor, um conselheiro, um funcionário importante ou simplesmente um amigo ou parente – qualquer pessoa que nos ajude a realizar uma tarefa ou atividade que não podemos realizar sozinhos de maneira eficaz.

Um dos meus filhos tem um técnico de corrida, um de futebol americano, um conselheiro escolar e vários professores. Considero todos eles "parceiros" que orientam meu filho e o ajudam a atingir seus vários objetivos. Outro filho meu tem um professor de piano que considero um parceiro precioso para ajudá-lo a tornar-se um músico melhor. Nos empreendimentos comerciais em que me envolvo, utilizo as opiniões e os conselhos de vários parceiros, desde conselheiros que me auxiliam a realizar uma única tarefa importante até parceiros de longa data que contribuem para os excelentes resultados da empresa. A questão é tirar o máximo proveito de cada uma dessas parcerias.

A parceria que acelera o sucesso é eficaz, mas ela *só* pode ser alcançada se seguirmos quatro estratégias específicas. Essas quatro estratégias poderosas estão perfeitamente ilustradas na forma como Jesus agiu em relação a parcerias.

As quatro estratégias para o estabelecimento de parcerias eficazes

1) Identifique a necessidade específica

Para cumprir suas missões na Terra, Jesus escolheu um "círculo interno" de parceiros – os 12 homens que ele chamou de discípulos e a quem ele disse: "Vocês não me escolheram, mas eu os escolhi para irem e darem fruto, fruto que permaneça" (João 15:16). Em outras palavras, ele não escolheu aqueles homens somente para ficarem ao seu lado e se tornarem seus amigos, mas para que realizassem propósitos *específicos*. Depois, os incumbiu de serem seus mensageiros e embaixadores para o mundo. Deu-lhes instruções específicas sobre o que desejava que fosse feito e *como* eles deveriam realizar essas tarefas. Disse-lhes para treinar outras pessoas para fazer as mesmas coisas tal como ele os treinara. Assim como Jesus estabelecera uma parceria com eles, também deveriam estabelecer parcerias com outros. Da mesma forma que ele os orientara, eles deveriam orientar seus parceiros. Os discípulos seguiram tanto as instruções quanto o exemplo de Jesus pelo resto da vida.

O primeiro passo para estabelecer uma parceria eficaz é identificar os projetos que requerem parceiros. Em seguida, você deve identificar as *necessidades* específicas que deseja que seus parceiros satisfaçam e as *tarefas* que deseja que eles realizem. Por mais básico que esse primeiro passo possa parecer, muitos não o dão. Isso acontece porque a maioria das pessoas passa pela vida sem uma visão clara do que quer realizar com um empreendimento. E, sem uma visão desse tipo, é difícil definir o que precisam de um parceiro. É também por esse motivo que o processo de mapeamento de visão que mostrei no Capítulo 5 é tão importante. Ele não apenas fornece a base para cumprirmos uma missão de modo eficaz, mas também revela os passos e as tarefas que requerem um parceiro.

Para reconhecer o tipo de parceiro necessário, você deve determinar os objetivos e as tarefas que deseja realizar e os pontos fortes, talentos, habilidades ou características de personalidade requeridos, aos quais você não atende. Isso pode ser identificado com mais precisão se você realizar uma "auditoria" de seus próprios talentos e habilidades e um teste de personalidade que revele seus pontos fortes e suas fraquezas naturais. Durante anos, usei um teste de personalidade simples, que levava cinco minutos para ser aplicado, para ajudar centenas de milhares de pessoas a descobrir o que havia de singular nelas. A descoberta do seu tipo de personalidade permite que você utilize seus pontos fortes naturais, trabalhe para reduzir suas fraquezas e sobretudo identifique o tipo de pessoa com a qual deve formar uma parceria para atingir um objetivo ou para se aventurar em um empreendimento no qual deseja obter um resultado extraordinário.

Não tenha medo de pedir às pessoas que você conhece que o ajudem a identificar seus pontos fortes e fracos. Elas muitas vezes verão pontos que você não é capaz de enxergar.

2) Identifique a pessoa certa para satisfazer suas necessidades

A segunda estratégia para o estabelecimento de parcerias eficazes é identificar a pessoa certa para satisfazer suas necessidades. Comece criando uma lista de parceiros em potencial. Primeiro, crie uma "longa lista" – todos os indivíduos que seriam, em princípio, capazes de desempenhar o papel de parceiro, conselheiro, consultor ou orientador. A elaboração dessa lista pode demorar alguns minutos ou alguns dias, dependendo da importância da função que você precisa preencher. Inclua todas as pessoas que você quiser na lista – mesmo que pareça impossível recrutá-las. Não limite sua seleção às conhecidas, às que você possa pagar, às que estão disponíveis ou às que você acha que estariam interessadas. Em 1983, quando Bob Marsh e eu quisemos criar uma campanha de televisão para uma das nossas revistas favoritas e eu precisava recrutar os garotos-propaganda mais fotogênicos possível, perguntei a mim mesmo: "Se eu pudesse conseguir QUALQUER pessoa, quem seria?" Os seguintes nomes me vieram à mente: Tom Selleck, Charlton Heston e o presidente Reagan. Os três pareciam candidatos impossíveis. Eu não os conhecia, não tinha dinheiro suficiente para contratá-los e nenhum deles estava disponível. Selleck e Heston tinham declinado ofertas publicitárias multimilionárias e afirmado que nunca fariam comerciais de televisão. O presidente Reagan ainda não terminara o mandato e nenhum presidente em toda a história jamais aparecera em um comercial de televisão. Mas nem por isso deixei de procurá-los. No fim, os três aceitaram e, como adoravam a revista, apareceram gratuitamente no comercial! O resultado foi que essa campanha mais do que dobrou o número de assinantes e se tornou a mais bem-sucedida iniciativa publicitária para a assinatura de uma revista em toda a história da televisão. Por isso insisto: ao criar sua longa lista de parceiros em potencial, não se limite. Tente obter as melhores pessoas que puder imaginar.

Após ter completado sua longa lista, o passo seguinte é estabelecer prioridades, colocando as opções principais no topo. Depois, faça a "pesquisa aprofundada", examinando cada um dos candidatos detidamente. Verifique a experiência, o nível de sucesso que alcançaram e como a prática anterior de cada um pode ser aplicada à função a ser desempenhada. O mais importante de tudo é examinar a integridade dos candidatos.

Acredito, assim como Jesus, que a integridade é a qualidade mais importante de qualquer parceiro, conselheiro ou mentor. Infelizmente, a maioria de nós fica tão embevecida pela lábia, pelas credenciais impressionantes ou pelo histórico de uma pessoa que muitas vezes não leva em consideração sua integridade. No entanto a falta de integridade é a principal causa de fracassos em parcerias. Nas poucas vezes em que não verifiquei a integridade de uma pessoa ou empresa com a qual havia estabelecido uma parceria, sofri uma grande perda financeira. Nos Provérbios, o rei Salomão nos deu sete sinais de alerta a serem observados quando escolhemos um parceiro. Se você perceber algum desses sinais em um parceiro em potencial, retire-o da sua lista.

1. Falta de integridade (Provérbios 29:24)
2. Temperamento colérico ou violência arraigada (Provérbios 22:24)
3. Padrão de comportamento tolo (Provérbios 14:7)
4. Qualquer pessoa que ofereça muito por pouco ou um enriquecimento rápido (Provérbios 25:19, 28:22)
5. Uso excessivo de adulações (Provérbios 29:5)
6. Propensão a mexericos ou exageros (Provérbios 20:19)
7. Desrespeito a regras, normas, leis ou limites pessoais (Provérbios 28:7)

3) Recrute com sabedoria o parceiro certo

Após ter completado a pesquisa aprofundada sobre suas principais opções e ter eliminado todos aqueles que possuem qualquer um dos defeitos apresentados acima, é hora de recrutar. Essa é outra área na qual as pessoas muitas vezes fracassam. Estejam elas tentando recrutar um parceiro comercial, um funcionário importante, um treinador pessoal ou um mentor empresarial, não conseguem contratar quem desejam. Por quê?

(1) Abordam a pessoa a partir do ponto de vista errado; (2) apresentam de forma ineficaz a própria visão; ou (3) fazem uma oferta fraca.

Ao tentar recrutar um parceiro, a maioria das pessoas o aborda a partir do seu próprio ponto de vista em vez de adotar o ponto de vista dele. Em outras palavras, nos concentramos no que o outro pode fazer por nós e não no que nós podemos fazer por ele. Embora seja importante que o parceiro em potencial saiba que se encaixa na sua visão, esse não deve ser o foco da sua abordagem inicial. Em vez disso, concentre-se nos sonhos, desejos, motivações e necessidades do outro. Mais tarde você poderá comunicar sua visão e dizer ao candidato como ele se encaixa nela. E, no fim, volte à perspectiva do outro e mostre como a parceria com você permitirá que ele realize seus próprios sonhos, desejos ou necessidades de maneira mais rápida ou plena do que em qualquer outra oportunidade que esteja sendo avaliada.

Os primeiros seguidores que Jesus recrutou foram dois irmãos pescadores chamados Pedro e André. Até que Jesus chegasse a eles, a vida e a subsistência de ambos giravam em torno da pesca. Apesar de ter sido carpinteiro, Jesus não os abordou a partir do ponto de vista de um carpinteiro nem disse como *eles* podiam se encaixar em *seu* plano. Em vez disso, propôs transformá-los em "pescadores de homens", usando uma imagem com a qual eles pudessem se identificar (Mateus 4:19). Quando se dirige a alguém para obter ajuda, você se concentra no seu próprio desejo ou na necessidade do outro?

Você pode estar se perguntando: "Como posso conhecer a *perspectiva* do outro?" Aqui está o seu dever de casa. Você precisa descobrir tudo o que puder a respeito do seu parceiro em potencial. Se já tem um relacionamento com essa pessoa, faça perguntas que o ajudem a entender a visão, os desejos, as necessidades e as prioridades dela.

Conhecendo a perspectiva do outro, planeje então sua abordagem. Eu sigo um método "sanduíche" muito simples. A primeira fatia de pão (a abertura) se concentra na perspectiva do outro – seus objetivos, desejos, esperanças ou paixões. O recheio da apresentação é uma expressão clara e precisa da minha visão. E a fatia final de pão consiste em mostrar como a participação do outro naquela visão pode ajudá-lo a realizar seus objetivos ou desejos. Também descrevo uma visão clara do papel que ele desempenhará e da contribuição que acho que ele pode dar. Depois disso, estou pronto para passar ao terceiro e derradeiro passo do recrutamento: a minha oferta.

A oferta é uma etapa delicada. Faz parte da natureza humana tentar oferecer o mínimo possível. Essa nunca foi a abordagem usada por Jesus. Ele disse: "O trabalhador merece seu salário" (Lucas 10:7). Em outras palavras, a recompensa de uma pessoa deve ser proporcional à sua contribuição. Uma grande contribuição merece uma recompensa significativa. Uma pequena contribuição, uma recompensa modesta. Se você errar, sugiro que erre para o lado da generosidade e não para o lado da avareza.

Quando Bob Marsh me recrutou para ser seu parceiro no lançamento de uma empresa de marketing televisivo, eu teria trabalhado feliz por um salário modesto. Mas Bob era mais astuto. Ofereceu-me um salário razoável e mais uma boa cota de participação que trouxe grandes benefícios para mim e para minha família.

Durante meus 32 anos na American Telecast, todos os projetos e novos negócios que lançamos utilizaram celebridades como garotos-propaganda, como Cher e Jane Fonda. Cada um dos garotos-propaganda também recebia royalties com base na venda de seus projetos. Os banqueiros de investimento que observavam nossa empresa criticavam os valores que pagávamos a nossos garotos-propaganda, julgando-os excessivos. O que eles não percebiam é que, sem a credibilidade das apresentações dos nossos parceiros famosos, nunca teríamos atingido o mesmo volume de vendas. E é claro que as celebridades aceitavam nossas propostas por causa de nossa fama de pagadores generosos.

O *valor* da sua oferta nem sempre é representado pela quantidade de dinheiro ou pela participação que você propõe. O valor também pode ser definido por benefícios intangíveis, como realização pessoal, contribuição para uma causa realmente válida ou criação de novos relacionamentos. Um dos meus negócios é uma empresa de software que criou um programa que protege as crianças de sites impróprios e até mesmo perigosos. Chuck Norris fez uma parceria conosco como porta-voz e também como investidor, não por causa do dinheiro que ganharia, mas porque compartilhava da nossa visão de proteger as crianças dos riscos que correm na internet.

Em nossos relacionamentos pessoais (inclusive no casamento), nossa oferta muitas vezes se baseia em valores intangíveis, como compromisso, confiança, amizade, segurança emocional, respeito, admiração, dedicação e fidelidade. Casamentos baseados em valores desse tipo têm um alicerce que os sustenta durante toda a vida.

4) Utilizar com eficácia seus parceiros

O melhor parceiro do mundo não vale nada se não for utilizado de maneira eficaz. Um dos meus exemplos favoritos de uma situação desse tipo é a parceria estabelecida em 1899 entre uma empresa automobilística iniciante e um jovem recrutado para ser seu engenheiro-chefe e principal representante. A empresa era a Detroit Automobile Company e o engenheiro, Henry Ford. A utilização ineficaz de Ford por parte da empresa fez com que ele fosse demitido em 1901. A empresa faliu pouco depois. A Detroit Automobile Company estabelecera uma parceria com um dos maiores visionários da história industrial, mas não conseguiu utilizá-lo de maneira eficaz. Dois anos mais tarde, Ford juntou-se a outro grupo e criou a Ford Automobile Company. Em alguns anos, um em cada dois carros no mundo levava o nome dele.

Jesus foi o mestre supremo no estabelecimento de parcerias. Inicialmente, estabeleceu uma parceria com 12 discípulos; mais tarde, com muitas outras pessoas. Seus discípulos levaram sua mensagem e sua missão pelo mundo afora e mudaram o curso da história humana.

Como usar seus parceiros de maneira eficaz

Os quatro componentes do estabelecimento de parcerias eficazes

1. Uma vez bem selecionados, dê a seus parceiros a oportunidade, a autoridade e os meios para cumprir as tarefas que lhes cabem. Jesus atribuiu a seus parceiros e protegidos as maiores tarefas e oportunidades já concedidas à raça humana. Deu-lhes também a *autoridade* necessária para que aproveitassem aquelas oportunidades e completassem com êxito suas tarefas (veja Mateus 16:9 e Lucas 9:1). Forneceu ainda os *meios* para que eles pudessem realizar tudo o que ele tinha proposto (veja João 14-15 e Atos dos Apóstolos 1:8).

   Nos negócios, muitas vezes delegamos tarefas sem oferecer às pessoas os recursos necessários para que as realizem – autoridade, orçamento, pessoal, apoio ou orientação.

   É comum cometermos erros semelhantes no casamento e na criação dos filhos. Fazemos exigências sem dar a nossos cônjuges e filhos o amor, o apoio, o estímulo ou a orientação de que precisam para satisfazê-las. Depois, nos frustramos quando eles não correspondem às nossas expectativas. Pergunte a si mesmo se o seu parceiro tem os recursos e o apoio de que necessita antes de exigir resultados.

2. Proporcione o ambiente certo. Jesus não podia oferecer a seus discípulos um local de trabalho confortável. Suas acomodações eram o solo dos desertos da Judeia e as praias do mar da Galileia. Eles nunca sabiam de onde viria a próxima refeição. No entanto Jesus lhes proporcionava o "ambiente de trabalho" mais incrível que alguém pode ter: sua presença. Junto a Jesus, eles tinham amor e segurança, uma alegria inexprimível e um contentamento inabalável que nunca tinham conhecido. Ouviam seus ensinamentos, viam seus milagres e testemunhavam a extraordinária conduta que ele adotava em todas as circunstâncias. Nada poderia afastá-los de Jesus. Como um homem sem recursos, sem posses materiais e sem segurança física foi capaz de oferecer o melhor ambiente de trabalho jamais proporcionado? A resposta pode ser encontrada em palavras como *amor, honra, verdade, integridade, sabedoria, compaixão, inspiração* e *propósito* incomparáveis.

Quando me convidou para fundar com ele uma nova empresa, Bob Marsh sabia que era crucial oferecer o ambiente certo para maximizar minha criatividade e produtividade. E, sobretudo, sabia que era fundamental criar um relacionamento seguro e carinhoso, baseado em ética, respeito e compromisso. Estava consciente de que eu precisava de muita liberdade para criar, descobrir e até mesmo fracassar. Em qualquer situação, ele parecia saber exatamente do que eu precisava. Quando eu pedia seu tempo, sua atenção ou sua orientação, estava sempre disponível. Sabia que amor e honra me motivariam a fazer o que fosse necessário para alcançar o sucesso. Sabia que intimidação, ameaças ou ultimatos algemariam minha criatividade e que tinha de respeitar meu ritmo e meu estilo. Por exemplo, para redigir um comercial eu necessitava de solidão e não conseguia escrever um roteiro semanas antes do prazo final, mas apenas alguns dias ou mesmo horas antes do início de uma produção. Por mais enervante ou pouco convencional que fosse meu estilo de trabalho, ele o estimulava, porque sabia que, *permitindo* que eu trabalhasse da minha maneira, os projetos seriam concluídos em tempo. Ele foi o parceiro e mentor mais incrível que já tive. Suas interações comigo eram, sob vários aspectos, semelhantes às que Jesus tinha com seus discípulos.

Cada parceiro possui um estilo próprio de trabalho. A aceitação desse estilo e das necessidades específicas de cada um muitas vezes é a chave para que o mais alto nível de desempenho e sucesso seja alcançado.

3. Ofereça incentivos generosos. Não conheço ninguém que não espere ser significativamente recompensado por seus esforços e realizações. Porém sempre fico surpreso com a maneira como empregadores, maridos, mulheres e pais parecem minimizar ou ignorar essa característica da natureza humana. Ouvi pais dizerem aos filhos que a recompensa pelo trabalho é a sensação de realização que eles têm ao completar a tarefa. No entanto esses mesmos pais ficariam fulos da vida se seus empregadores usassem essa mesma lógica para negar um aumento ou uma bonificação depois de eles terem realizado algo extraordinário no trabalho. Da mesma maneira, maridos e esposas acham normais as contribuições mútuas e raramente recompensam um ao outro por todo o esforço e todo o trabalho empreendidos para que o casamento, a família ou o lar prosperem.

Jesus dava constantemente incentivos a seus discípulos e a outras pessoas que o seguiam e "trabalhavam" em seu "vinhedo". Ele fez inúmeras promessas àqueles que o acompanhavam, desde a segurança do amor divino até a vida eterna. Em Mateus 19:29-30, ele prometeu que todos os que fizessem grandes sacrifícios para segui-lo e servi-lo receberiam 100 vezes em retorno. Quando um de seus discípulos disse "Nós deixamos tudo para seguir-te", e perguntou o que receberiam por ter feito aquilo, Jesus não deu apenas uma ideia geral, mas estabeleceu um compromisso muito específico. Afirmou que, no final, eles se sentariam em tronos e governariam as 12 tribos da nação de Israel.

Para utilizar um parceiro com eficácia, *precisamos* dar incentivos que o motivem a superar os desafios cotidianos. Tanto Donald Trump quanto Warren Buffett louvaram os modelos de negócios de empresas de marketing bem dirigidas. Uma das maiores forças motrizes por trás do poderoso crescimento de muitas dessas empresas foram os incentivos financeiros e materiais oferecidos a seus distribuidores.

Uma amiga que é professora universitária ofereceu ao filho que está cursando o ensino médio 100 dólares para cada conceito Excelente no boletim e 75 dólares por cada conceito Bom. Disse também que descontaria 100 dólares por cada conceito Regular e 150 dólares por cada conceito Insatisfatório. O filho se formou no ensino médio um ano mais cedo e com uma média ótima. Além disso, ganhou uma bolsa de estudos para uma das principais universidades americanas. Não é necessário dizer que o programa de incentivo gerou dividendos incríveis, tanto para minha amiga quanto para o filho. Quando tratar de incentivos, seja criativo. Os incentivos certos trarão retornos muito maiores a longo prazo do que seu custo. Não acredite que apreço e amor, ou simplesmente o salário que você está pagando, são todo o incentivo de que as pessoas precisam.

4. Use a melhor estratégia motivacional de longo prazo. Quando se trata de motivar os outros, precisamos perceber

que há três grandes fatores que guiam o comportamento humano: o desejo de obter ganhos, o medo da perda e o desejo de amar e ser amado. Os incentivos satisfazem o desejo de obter ganhos e são, portanto, uma forte motivação de curto prazo. O medo da perda também é um fator motivacional muito poderoso e pode ser facilmente utilizado para gerar motivação de curto prazo.

No entanto, a maioria de nós usa com excessiva frequência o medo como ferramenta motivacional junto aos subordinados no trabalho, aos parceiros comerciais e até mesmo ao cônjuge e aos filhos. Por quê? Porque intimidar requer pouco esforço de nossa parte, nenhum autocontrole ou paciência e quase nenhuma explicação ou instrução, além de normalmente gerar obediência rápida. Infelizmente, embora possa gerar uma resposta imediata, se o medo for usado repetidas vezes, pode facilmente desmotivar a pessoa e, em última instância, destruir o relacionamento. O amor, por outro lado, talvez não gere uma resposta *rápida*, mas, em vez de destruir, fortalece e constrói relacionamentos. O problema é que o uso do amor como ferramenta motivacional requer paciência, empenho e autocontrole. É necessário muito mais tempo e esforço para usar o amor do que para usar o medo.

Jesus usou ocasionalmente o medo, quando não havia outra maneira de enfrentar a teimosia daqueles que ouviam seus ensinamentos. Por exemplo, disse àqueles que estavam à sua volta que, se acaso uma pessoa fizesse uma criança cair em pecado, melhor seria que lhe pendurassem uma grande pedra no pescoço e a lançassem ao mar (Mateus 18:6). Atacou os hipócritas e abastados que não usavam a riqueza para ajudar o próximo. Mas a estratégia que ele usou na *maioria* das vezes se baseava no amor. Jesus demonstrou uma inacreditável paciência com seus discípulos. Estava sempre disposto a ouvi-los e seus atos refletiam compaixão e bondade. E pediu que seus parceiros e protegidos agissem da mesma maneira com aqueles que encontrassem.

Quando falo de motivar com o amor, refiro-me a *honrar* o outro e incentivá-lo usando métodos que aumentem sua autoestima e seu valor em vez de destruí-los. Jesus fez isso melhor do que ninguém na história. Essa era a essência da sua pessoa. Ele disse que veio para servir e não para ser servido (Mateus 20:28). Deu a seus discípulos não apenas oportunidade e autoridade para mudar o mundo, mas também um exemplo vivo de como fazê-lo. A motivação pelo amor, além de gerar resultados melhores a longo prazo, constrói um compromisso sólido.

De maneira semelhante, Bob Marsh quase nunca tinha de recorrer ao medo com seus parceiros – todos nós éramos motivados pelo desejo de abençoá-lo tal como ele nos abençoava.

Da próxima vez que você se vir reagindo a alguém no trabalho ou em casa com exigências, ultimatos ou ameaças, pare imediatamente. Pense sobre Jesus encorajando constantemente seus parceiros, desenvolvendo-os, perdoando-os e pacientemente liderando e ensinando. Pense nas várias vezes que ele usou frases como "Ânimo!", ou "Não tenha medo". Mesmo na véspera de sua execução, ele se concentrou nas necessidades de seus discípulos. Na Última Ceia, Jesus os confortou com as seguintes palavras: "Não se perturbe o coração de vocês." Ele os encorajou e instruiu sobre o que fazer nas horas e nos dias seguintes.

Lembre-se: nunca podemos realizar algo significativo sozinhos. Resultados extraordinários só podem ser alcançados por meio de parcerias eficazes. Jesus nos forneceu o exemplo perfeito e nos deu instruções abrangentes para estimular-nos em nossa vida profissional e pessoal.

A COMPREENSÃO TRANSFORMA MENTES, A AÇÃO TRANSFORMA VIDAS

Utilizando o método milagroso

1. Na sua opinião, quais dos seus empreendimentos, projetos ou objetivos seriam significativamente beneficiados pelo recrutamento de um parceiro ou mentor? Estabeleça prioridades em sua lista, começando pela área mais importante.
2. Identifique os tipos específicos de parceiros ou mentores que você deveria tentar recrutar e que possibilitariam que você realizasse com mais eficácia seus sonhos e projetos mais importantes.
3. Para cada tipo de parceiro ou mentor que você identificou, faça uma lista de indivíduos específicos que poderiam satisfazer suas necessidades.
4. Como você motiva atualmente seus colegas, entes queridos e as pessoas sob seu comando? Você geralmente usa o medo, ou o amor e a honra para motivar? Tome nota de pelo menos uma situação na qual você usou o medo como abordagem motivacional e outra em que usou a honra ou o amor. Como você poderia ter substituído a motivação do medo por uma motivação que refletisse honra e respeito?

CAPÍTULO 9

MISSÃO cumprida

"O que tinha recebido cinco talentos trouxe os outros cinco e disse: 'O senhor me confiou cinco talentos; veja, eu ganhei mais cinco.' O senhor respondeu: 'Muito bem, servo bom e fiel! Você foi fiel no pouco, eu o porei sobre o muito. Venha e participe da alegria do seu senhor!'" – Mateus 25:20-21

Um dos meus livros favoritos é *Uma vida com propósitos.* Mas, segundo Jesus, não recebemos elogios ou recompensas por sermos apenas *guiados* por propósitos. Elogios e recompensas estão reservados para aqueles que *realizam* os propósitos que os guiam. O que Jesus realmente nos ensinou foi a ter uma vida de propósitos *realizados.*

A maioria das pessoas *não* tem uma "vida guiada por propósitos". Por isso, raramente superam a mediocridade. É apenas quando guiado por um propósito que o ser humano tem *potencial* para obter resultados extraordinários. Isso não significa que todos aqueles que têm uma vida guiada por propósitos consigam realizar o que se propõem a fazer. Durante mais de 50 anos, centenas de cientistas e engenheiros foram guiados pelo "propósito" de inventar uma lâmpada elétrica funcional. Mas apenas Edison conseguiu. Muitos tinham mais instrução, qualificação e recursos financeiros do que Edison e, no entanto, não conseguiram realizar o propósito que os guiou dia e noite durante anos. Por quê? O que impediu que centenas dos homens mais competentes do mundo realizassem em 50 anos o que Edison realizou em três?

Quais são os obstáculos que impedem que algumas das pessoas com os propósitos mais fortes atinjam seus objetivos?

O índice de sucesso da nossa empresa de marketing televisivo tem sido, em seus 32 anos de existência, cerca de 124 vezes maior do que a média do setor. No ensino médio, estive ao lado de Steven Spielberg em quase todos os jogos de futebol americano. O índice de sucesso de Steven para projetos cinematográficos é de quase 80%. Quando nos encontramos, 18 anos após termos nos formado no ensino médio, comparamos nossos históricos. Ambos tínhamos realizado nossos sonhos impossíveis: obtivemos a mais alta taxa de sucesso de nossos respectivos setores, usando exatamente as mesmas estratégias. Mas, por mais incrível que isso possa parecer, nenhuma dessas estratégias é ensinada na escola – nem no ensino médio, nem na faculdade, nem mesmo nos cursos de pós-graduação. Por sorte, tivemos mentores que as apresentaram a nós.

Surpreendentemente, Edison e todos os outros grandes realizadores que estudei usavam as mesmas estratégias que possibilitam que as pessoas superem quaisquer obstáculos para alcançar resultados extraordinários e realizar os propósitos que as guiam. Edison empregou essas estratégias em todos os projetos em que se envolveu. Todas elas são ensinadas no livro dos Provérbios e cada uma delas pode ser observada na vida e nas missões de Jesus. Essas estratégias têm o poder de fazer com que qualquer pessoa transforme uma vida guiada por propósitos em uma vida de propósitos realizados.

Os sete obstáculos *superáveis* que impedem que *a maioria* das pessoas alcance objetivos importantes

Existem basicamente sete obstáculos que impedem que a maioria das pessoas alcance seus maiores objetivos. A boa notícia é que é possível superar esses sete obstáculos por meio de estratégias fáceis.

1. Falta de uma visão clara e precisa

A maioria dos adultos atravessa cada dia da vida *sem* uma indicação clara do que quer realizar nos dias, semanas e meses à sua frente. Como indiquei no Capítulo 5, esse primeiro obstáculo para uma vida de propósitos realizados pode ser superado pelo mapeamento de cada missão importante que você queira levar a cabo. Depois de ter definido com clareza sua visão, você pode convertê-la em objetivos específicos, que podem ser transformados em passos, que, por sua vez, podem ser convertidos em tarefas. Jesus tinha uma visão precisa do que desejava realizar *antes* de começar a agir. Ele estava sempre em movimento, deslocando-se para cumprir suas missões. Vivia intensamente o momento presente, mas nada o detinha no caminho da concretização do seu objetivo. Bem no início do seu ministério, Jesus estava prestes a deixar uma multidão que o seguia entusiasticamente para ir pregar sua mensagem na aldeia seguinte. Seus discípulos queriam que ele continuasse com a multidão que o cercava, mas ele disse: "Vamos para outro lugar, para os povoados vizinhos, para que também lá eu pregue. Foi para isso que eu vim" (Marcos 1:38).

2. Estabelecimento ineficaz de objetivos

Existem duas abordagens básicas em relação ao estabelecimento de objetivos. A primeira é o método convencional de definição de objetivos realizáveis e alcançáveis. Isso é o que aprendemos na escola e o que nos ensinam os livros de autoajuda. Embora essa abordagem seja boa, existe um outro enfoque mais *poderoso* que foi usado por todos os grandes realizadores da história. Trata-se da abordagem utilizada por Jesus e seus discípulos. Eu a chamo de "mirar na Lua". Jesus disse a seus discípulos que, se realmente "acreditassem", fariam exatamente as mesmas coisas que ele e até *mais* (João 14:12). Na maioria das vezes, os discípulos seguiram o caminho mais fácil, determinando objetivos facilmente alcançáveis. Com frequência deixaram de tentar o impossível e se contentaram com a mediocridade. Só mais tarde começaram a "mirar na Lua", tentando o impossível e realizando-o sempre.

Ao mirar na Lua, estabelecemos objetivos tão altos que são praticamente *inatingíveis*. Você pode pensar: "Bem, se não posso atingi-los, por que estabelecer objetivos tão altos?" A resposta é: você não pode atingi-los *sozinho*! A chave para alcançar a Lua é criar parcerias eficazes com outras pessoas. Nenhum sucesso significativo ou extraordinário da história jamais foi obtido por uma pessoa sozinha. Charles Lindbergh tornou-se famoso por ter feito o primeiro voo solitário transatlântico. Mas o feito de Lindbergh não foi de forma alguma um esforço solitário. Representou o apogeu de meses de esforços diligentes empreendidos por Lindbergh e vários parceiros. Como resultado dessa parceria, miraram na Lua e acertaram. Seu feito acabou mudando para sempre o curso da aviação comercial.

No Capítulo 8, escrevi que saí atrás de Tom Selleck, Charlton Heston e do presidente Reagan para que atuassem como garotos-propaganda de uma revista que meus parceiros e eu tínhamos decidido ajudar. Esse é um exemplo de "mirar na Lua". Se eu tivesse apenas estabelecido objetivos realizáveis e alcançáveis, teria obtido uma celebridade de menor vulto como garoto-propaganda da publicação e o projeto provavelmente teria fracassado. Nós, ao contrário, *acertamos* na Lua. A abordagem do tipo "mirar na Lua" sempre começa com uma pergunta: "Se eu pudesse conseguir *qualquer coisa* que desejasse nesta situação, o que escolheria?" Essa abordagem é tão poderosa e transformadora que, em três dos meus livros anteriores, dediquei capítulos inteiros à sua execução. Trata-se de uma abordagem que pode ser usada em qualquer área importante da vida. Eu a usei nos negócios, no casamento, nos meus projetos editoriais e televisivos e na criação dos meus filhos. Ela ajudou meu filho de 15 anos a se tornar um dos três melhores atletas de salto em altura e à distância do país e meu filho de 13 anos a tocar no piano obras como *Rhapsody in Blue*, de Gershwin, um desafio até mesmo para concertistas.

Ao longo dos últimos 30 anos, mirei na Lua em *cada um* dos inúmeros projetos que empreendi profissionalmente. Isso foi essencial para os sucessos extraordinários que eu e meus parceiros vivenciamos.

3. Estabelecimento ineficaz de parcerias

Um terceiro obstáculo que se interpõe entre nós e as realizações significativas e extraordinárias é nossa incapacidade de estabelecer parcerias eficazes. O estabelecimento de parcerias eficazes é *crucial* para transformar uma vida guiada por propósitos em uma vida com propósitos *realizados*. No capítulo anterior, discuti o que é necessário para estabelecer parcerias eficazes. Jesus era um *mestre* nessa arte. Quando você aprendê-la, será capaz de acertar mais vezes na Lua do que errar.

4. Falta de recursos

O principal motivo que as pessoas alegam para justificar seu próprio fracasso é a falta de recursos. Muitas vezes ouço alguém dizer: "Simplesmente não tenho tempo." Alguns afirmam que não têm o talento, a instrução, a experiência ou o dinheiro necessários para realizar seus sonhos. Essa pode ser uma razão válida para o fracasso quando a pessoa não estabelece parcerias eficazes. Mas as parcerias eficazes eliminam com facilidade os obstáculos aparentemente intransponíveis dos recursos insuficientes. A verdade é que uma pessoa só faz bem um certo número de coisas, mas existem *milhões* de coisas que *não* fazemos bem ou que não *conseguimos* fazer. Sem parcerias eficazes, a falta de recursos é de fato um obstáculo intransponível. Com elas, esse obstáculo se torna o *mais fácil* de ser superado. Todos aqueles que já realizaram seus sonhos impossíveis, de Edison a Bill Gates, careciam da *maioria* dos recursos necessários para concretizá-los. Mas, ao contrário da maioria, eles logo perceberam que a parceria com as pessoas que possuíam aqueles recursos essenciais era a chave para a realização de seus sonhos.

5. Incapacidade de se preparar para o fracasso

Sempre me surpreendo com a surpresa das pessoas quando um de seus esforços, empreendimentos ou projetos fracassa. Jesus disse: "Neste mundo vocês terão aflições" (João 16:33). Ninguém alcança o sucesso sem fracassar ao longo do caminho. Mas aqueles que acabam obtendo o sucesso aprendem a melhor maneira de lidar com os fracassos – uma maneira que fortalecerá os alicerces sobre os quais construirão um êxito mais substancial e significativo. Três em cada quatro empreendedores fracassam no prazo de um ano. No entanto quase nenhum novo empreendimento inclui um plano de contingência para o fracasso. Se o fracasso é tão comum, por que pega de surpresa a maioria das pessoas e das empresas? Talvez o homem de negócios mais bem-sucedido da história tenha sido Thomas Edison. Ele não apenas esperava o fracasso, mas *se preparava* para ele. E por isso criava um plano para enfrentá-lo.

Jesus é o único na história que nunca fracassou. No entanto ele sabia que seus parceiros fracassariam repetidamente. Por isso disse-lhes o que *fazer* quando se deparassem com o fracasso. Advertiu-os das incríveis adversidades que enfrentariam, para que não ficassem surpresos nem fossem derrotados por elas. Afirmou que seriam odiados pelo mundo, jogados na prisão e torturados pelos inimigos. Disse: "Neste mundo vocês terão aflições; contudo tenham ânimo. Eu venci o mundo" (João 16:33). Depois, explicou *minuciosamente* a eles como lidar com todos os problemas que encontrariam a fim de que, no fim, saíssem vencedores.

Enfrentei inúmeros fracassos em minha vida profissional e

pessoal. Mas, por ter aprendido a maneira *certa* de lidar com eles, raramente fui impedido de realizar meus objetivos e sonhos. Embora existam milhares de maneiras incorretas de enfrentar o fracasso, só existe uma de enfrentá-lo corretamente.

A primeira coisa a fazer é mudar nossa postura a respeito do fracasso. Longe de ser um inimigo do sucesso, o fracasso é um dos seus *componentes* essenciais. Em vez de temê-lo, devemos começar a encará-lo como um professor valioso. Não precisamos ir intencionalmente atrás do fracasso, pois ele virá ao nosso encontro. E, quando nos alcançar, a maneira como reagiremos ou responderemos é que determinará se o fracasso assumirá o papel de inimigo ou de professor. Se reagirmos dando-lhe as costas e fugindo das lições que nos são oferecidas, ele permanecerá um inimigo temido para o resto da vida. O fracasso nos acorrentará à ignorância, impedindo-nos de nos tornarmos mais sábios e de assumir riscos no futuro. E, sem assumir riscos significativos, jamais conseguiremos alcançar o sucesso extraordinário.

Por outro lado, se respondermos aos fracassos estudando suas causas e aprendendo as lições que nos são oferecidas, eles nos fornecerão o conhecimento e a perspicácia que nenhum outro professor seria capaz de nos proporcionar. Em 1977, três de cada quatro comerciais de televisão que escrevi e produzi fracassaram. Fiquei arrasado todas as vezes. Mas meu mentor e parceiro me fez estudar a fundo cada fracasso, a fim de tentar descobrir onde eu tinha errado. Fui descobrindo um a um os erros que contribuíram para cada fracasso. Na produção seguinte, eu eliminei aqueles erros. No ano posterior, meu índice de fracasso caiu de 75% para 50%. Voltei a fazer a mesma coisa. Estudei cada fracasso e perguntei às outras pessoas envolvidas no projeto o que *elas* achavam que tinha dado errado. Então, mais uma vez, passei a aplicar aquelas informações nas minhas produções futuras, fazendo cair o índice de fracasso para 25%. E assim por diante.

Minha perseverança não é um traço inato da minha personalidade nem é resultante de genialidade e teimosia. Ela resulta de uma maneira eficaz de lidar com o fracasso. Usei o engenhoso método de Thomas Edison da *persistência criativa*. Edison nunca descreveu ou ensinou esse método – eu o descobri à medida que lia sua biografia. Mas o fato é que ele usou esse método para alcançar mais sucessos extraordinários e significativos do que qualquer outra pessoa ou empresa na história. Seu método envolve cinco estratégias empregadas em todos os projetos importantes que ele empreendeu.

A "persistência criativa" de Edison diante do fracasso

Crie uma identidade da visão

Como mencionei no Capítulo 4, antes de iniciar um projeto, Edison sempre identificava sua "visão" com uma anotação de uma ou duas páginas em seu diário, criando um desenho muito simples da forma que aquela ideia poderia assumir. Chamo isso de identidade da visão. Esse é o primeiro passo no processo de mapeamento de visão que apresentei no Capítulo 5 e exemplifico nos apêndices. Ao mapear a visão de um projeto, ideia ou empreendimento, você dá o primeiro passo para a persistência criativa de Edison.

Enumere as ramificações abrangentes do sucesso e do fracasso

Elas podem ser uma fonte inimaginável de poder, força, determinação e criatividade para ajudá-lo a atingir um objetivo.

Inspire os outros com sua visão

Edison não apenas comunicava uma necessidade ou uma ideia. Ele usava as ramificações abrangentes do projeto para criar entusiasmo e empenho contagiantes entre seus parceiros e funcionários, investidores e banqueiros, vendedores e fornecedores. E isso dava tão bons resultados que procuro imitá-lo sempre que tenho um novo projeto. Compartilho minhas ideias com todos aqueles que considero importantes para mim – minha mulher, meus amigos, meus sócios. Observo as reações, peço opiniões e procuro contagiá-los com meu entusiasmo. Se eles *não* se entusiasmam, é porque não comuniquei com eficácia minha visão, não estou falando com o parceiro certo ou minha visão tem algo de errado que está impedindo a adesão dos outros. Em geral comunico uma visão somente após ter feito meu dever de casa e criado uma maneira eficaz e persuasiva de transmiti-la. E, é claro, meus parceiros geralmente a acolhem com entusiasmo e me estimulam a seguir em frente sempre que me deparo com um problema ou fico desanimado e com vontade de desistir.

Deixe que os fracassos o ajudem a determinar eventuais correções no meio do caminho

Edison percebeu que os fracassos eram apenas sinais de alerta ao longo da estrada para o sucesso. Consequentemente, nunca ficava magoado, mas os aceitava, analisando-os para obter novas ideias que o aproximariam ainda mais do objetivo. Quando eu estava aprendendo a pilotar um planador, logo descobri que os ventos mudam de direção com frequência e rapidamente. Por isso um piloto faz várias correções de curso no meio do caminho, a fim de se manter na direção certa e chegar ao destino. Quanto mais significativo ou extraordinário for um projeto, mais obstáculos e fracassos uma pessoa encontrará no trajeto. A única maneira de levar a cabo um projeto desafiador é estudar os fracassos e descobrir o que os ocasionou. Depois, corrigir nosso curso atual com as lições que aprendemos. Assim, teremos muito mais probabilidade de chegar ao destino.

Retire os cavalos com três pernas

É difícil olhar para um campo repleto de cavalos e adivinhar qual deles vencerá a corrida. Da mesma maneira, quando começamos a enfrentar um desafio, é difícil dizer quais serão os projetos bem-sucedidos. Ocasionalmente, nos deparamos com obstáculos que não podem ser superados a despeito dos recursos que obtemos para enfrentá-los. Isso aconteceu com Edison várias vezes. Meu mentor chamava esses projetos de "cavalos com três pernas". Por mais alto, forte ou bonito que seja, se tiver apenas três pernas saudáveis, um cavalo *não* poderá ganhar a corrida. Porém, nos negócios, as pessoas investem muito dinheiro na tentativa desesperada de manter um cavalo com três pernas na corrida. Os exemplos se multiplicam.

6. Falta de paixão duradoura

As pessoas me consideram um ser passional. Muitas dizem: "Como eu *gostaria* de ter a sua paixão." Elas acham que nasci assim. Na verdade, nasci preguiçoso. Minha tendência é fazer o menor esforço físico e mental para realizar uma tarefa. Essa é a minha *natureza*. Porém, como Jesus disse, "a verdade vos libertará". Na noite em que conheci esse carpinteiro, minha vida começou a mudar de várias maneiras e minha paixão foi um dos fatores que mudou. Todo sucesso extraordinário que conquistei foi alimentado por um nível incrível de paixão. Mas volto a dizer: não nasci assim. São raros os que nascem com a paixão necessária para perseguir e conquistar o sucesso extraordinário. A boa notícia é que *qualquer* um de nós *pode* adquirir toda a paixão necessária – basta descobrir onde obtê-la. Com paixão, nos tornamos capazes de alimentar até mesmo nossos objetivos mais difíceis – ir até a Lua e voltar. Sem ela, ficamos desprovidos de combustível logo nos estágios *iniciais*.

Existem duas maneiras de adquirir paixão por alguma coisa. Chamo a primeira de "ser acometido por uma paixão". Somos acometidos por uma paixão da mesma maneira que uma floresta pega fogo: tudo começa com uma centelha que se transforma em uma pequena chama que, sem controle, se torna um vasto incêndio. Em vez de ser controlado por nós, ele toma conta da nossa vontade e dos nossos desejos e acaba se alastrando de maneira selvagem. Isso pode acabar com nosso foco, nosso tempo e nosso dinheiro, além de abalar nossos relacionamentos. Conheci homens que, durante anos, dedicaram todos os fins de semana ao trabalho ou a um hobby em vez de passar seu tempo livre com a esposa e os filhos. Bem, golfe e trabalho não têm em si nada de errado, mas, sem controle, podem queimar uma quantidade grande demais do nosso ativo mais precioso – o tempo – e deixar um rastro de destruição.

A segunda maneira de adquirir paixão é por meio do que chamo de "*desenvolvimento* de uma paixão". Esse método pode ser incrivelmente construtivo e benéfico. A paixão é o *único* combustível capaz de alimentar de modo eficaz nosso ímpeto em busca de excelência e realização. No *desenvolvimento* de uma paixão, somos nós que assumimos o controle, em vez de sermos dominados pela paixão. A diferença entre esses dois métodos é semelhante à diferença entre o poder destrutivo de uma bomba atômica e o poder controlado e direcionado da fissão nuclear que energiza o reator de uma usina. Um pode destruir uma cidade, o outro pode iluminá-la.

Então, como desenvolver a paixão?

Várias pessoas me disseram que não conseguem ter paixão por seu trabalho. Homens e mulheres me confessaram: "Não existe mais paixão no meu casamento." O problema é que eles pensam que a paixão é um produto das circunstâncias, definido por um sentimento. Mas a paixão não é um sentimento, é uma *escolha* que fazemos. Começa com uma visão clara e precisa de onde você se encontra em determinado momento e aonde quer chegar. Isso lhe permite criar um mapa para atingir seu objetivo.

O segundo ingrediente por trás da paixão é a esperança. Infelizmente, *esperança* é uma palavra muito mal interpretada. Para a maioria das pessoas, é sinônimo de vontade ou desejo, o que equivale a igualar *furacão* e *brisa*. A definição que considero melhor para a verdadeira esperança é esta: uma crença bem fundamentada e confiante no cumprimento de uma promessa ou compromisso dentro de um determinado período. Vontades ou desejos surgem e passam tão rápido como uma folha seca que cruza nosso caminho em um dia de ventania. A verdadeira esperança, por outro lado, tem um fundamento sólido como uma rocha, que permanecerá firme até que o objetivo seja alcançado. Cada vez que completamos uma tarefa ou um objetivo definido em nosso mapa de visão e nos aproximamos mais do nosso destino, a esperança é reafirmada e fortalecida.

Quando eu era criança, minha família costumava ir de carro de Phoenix, no Arizona, até Los Angeles durante as férias, numa viagem que durava oito horas. Geralmente, depois de duas horas, eu começava a perguntar: "Quanto falta?" Quando meus pais respondiam "Seis horas", eu ficava desolado, pois parecia uma eternidade. Mas, ao entrarmos na Califórnia, uma energia nova tomava conta de cada parte do meu corpo. Embora ainda faltassem quatro horas de viagem, estávamos *na* Califórnia. E, à medida que a resposta dos meus pais refletia nosso progresso – "Três horas", "Duas horas", "Uma hora" –, minha esperança e minha excitação aumentavam. O progresso em direção a metas definidas *sempre* aprofunda nossa esperança.

O terceiro ingrediente por trás da paixão é a satisfação. Ao completar cada passo ao longo do caminho, você vai se sentindo mais satisfeito.

E é esse último ingrediente que *acende* o combustível da paixão.

Levar a paixão para sua carreira ou para sua vida pessoal não depende do projeto, do trabalho ou de outra pessoa. É algo que só depende de você! Só você pode optar por isso. E o único *obstáculo* capaz de impedir que a paixão realize nosso objetivo é a *falta* de verdadeira diligência.

7. Falta de diligência

A maioria das pessoas acha que diligência consiste simplesmente em trabalhar com afinco. Em um emprego, por exemplo, seria fazer hora extra ou trabalhar no fim de semana. Para alguns, significa empenhar-se de maneira integral em um projeto. Mas nada disso reflete a *verdadeira* diligência. A verdadeira diligência é tão rara que o homem mais rico que já existiu, o rei Salomão, disse: "Você já observou um homem habilidoso em seu trabalho? Será promovido ao serviço real" (Provérbios 22:29). Porque, na verdade, a grande maioria das pessoas *não* é diligente. Por esse motivo, sofremos as consequências da falta de diligência: esforços que produzem pouco lucro, perda de riqueza e segurança e dias passados sob o controle e a orientação de outros.

A verdadeira diligência é rara porque vai contra a natureza humana. A preguiça e a busca de gratificação instantânea fazem parte de nossa natureza. Nossa tendência é querer o máximo que pudermos obter com o mínimo de esforço. É natural preferirmos o lazer ao trabalho. É natural preferirmos seguir o caminho que oferece menor resistência a virar o barco contra a corrente e remar como loucos. A diligência segue um curso completamente diferente.

Com base na sabedoria de Salomão, eu definiria a verdadeira diligência como "uma habilidade que pode ser aprendida, que começa com uma visão clara, que, por sua vez, cria um esforço inteligente, duradouro, bem planejado e realizado de maneira oportuna, eficiente e eficaz, a fim de atingir um resultado excepcional".

Jesus foi certamente a pessoa mais diligente que já caminhou sobre a Terra. Não é de espantar que ele tenha realizado todas as missões que se propôs a cumprir em tão pouco tempo. Durante 30 anos, tentei ser diligente em cada um dos meus projetos profissionais e obtive grande sucesso. A diligência pode gerar resultados extraordinários em todas as áreas da nossa vida.

Aplicando a verdadeira diligência aos seus projetos

Jesus disse a seus seguidores que eles tinham tanta propensão a adiar e a se concentrar no futuro que deixavam passar a realidade do momento presente. Em 2 mil anos, a natureza humana não mudou. A diligência começa quando acordamos e prestamos atenção no que está acontecendo. É importante saber onde estamos a cada momento, em relação ao nosso objetivo, e ver claramente aonde queremos chegar.

O próximo passo para ser diligente é realizar um esforço inteligente e duradouro. Muitas pessoas trabalham com afinco. Mas quantas trabalham de forma inteligente? A diligência requer que aproveitemos ao *máximo* o tempo de que dispomos. Se nos for atribuída a tarefa de derrubar duas árvores e você usar um martelo, enquanto eu uso uma motosserra, seu afinco no trabalho pode ser 100 vezes maior do que o meu, mas vou conseguir derrubar a árvore em minutos, ao passo que você vai demorar dias.

Os esforços com melhor planejamento e execução incluem avaliar os obstáculos ao longo do caminho. Muitas vezes escolhi abrir mão de um projeto em que já tinha investido uma soma razoável por perceber os riscos que ele nos traria. Não foi fácil desistir e mudar nossos planos para recomeçar do zero, mas o resultado foi altamente compensador. Esse é o poder da persistência criativa.

Por fim, a verdadeira diligência se concentra no resultado final, no fato de alcançá-lo de forma eficiente e com excelência.

Bem, nem *tudo* o que fazemos requer diligência. Como já disse, gosto de esquiar, mas não tenho interesse em aprimorar meu nível de habilidade. Por isso, aplicar diligência à minha prática do esqui me forçaria a subtrair um tempo significativo do que mais prezo em favor de um esporte que não chega a me entusiasmar. Precisamos selecionar os empreendimentos, projetos ou esforços que consideramos importantes e aplicar diligência neles.

Fomos todos criados para realizar feitos extraordinários, cada um em uma determinada área. Quando aceitamos menos do que o máximo que somos capazes de conseguir – no casamento, na criação dos filhos, nos projetos profissionais e na gestão de tempo e recursos –, não realizamos nosso potencial. Jesus definia o sucesso como aquilo que realizamos e *não* como o que tentamos realizar. Ao seguir o seu exemplo, nós também podemos ter uma vida com propósitos realizados.

A COMPREENSÃO TRANSFORMA MENTES, A AÇÃO TRANSFORMA VIDAS

Cumprindo missões importantes

1. Enumere todos os projetos, empreendimentos ou objetivos em que você não "cumpriu sua missão".
2. Usando a lista abaixo, determine quais foram os obstáculos intransponíveis que *impediram* que você cumprisse essas missões.
   a. Falta de uma visão clara e precisa
   b. Estabelecimento ineficaz de objetivos
   c. Estabelecimento ineficaz de parcerias
   d. Falta de recursos
   e. Incapacidade de se preparar para o fracasso
   f. Falta de paixão duradoura
   g. Falta de diligência
3. Escolha uma de suas missões "não cumpridas" e escreva como você poderia ter superado qualquer um dos obstáculos intransponíveis que surgiram em seu caminho.
4. Escreva sobre um de seus projetos, empreendimentos, objetivos ou missões atuais e como você pode superar qualquer um dos obstáculos que provavelmente surgirão.

CAPÍTULO 10

O milagre do momento oportuno: passar do fracasso ao sucesso – AGORA!

"Vocês não dizem: 'Daqui a quatro meses haverá a colheita'? Eu lhes digo: abram os olhos e vejam os campos! Eles estão maduros para a colheita." – Jesus (João 4:35)

Um homem desolado abriu caminho pela multidão para se aproximar de Jesus. Quando finalmente o alcançou, caiu de joelhos e suplicou: "Minha filha acaba de morrer. Vem, impõe a tua mão sobre ela e ela viverá." Jesus seguiu o homem até sua casa, mandou sair os que ali se encontravam e, depois, com um toque da mão e uma palavra, trouxe a filha do homem de volta à vida. Enquanto Jesus saía da casa, dois cegos na multidão do lado de fora gritaram para ele: "Filho de Davi, tem misericórdia de nós!" Jesus não respondeu imediatamente, mas eles o seguiram e entraram em outro edifício. Ele então perguntou: "Vocês creem que eu sou capaz de fazer isso?" Eles responderam: "Sim, Senhor." Ele então tocou em seus olhos e disse: "Que lhes seja feito segundo a fé que vocês têm." E eles recuperaram a visão (Mateus 9:18-30).

Conto essa história não para me concentrar nos milagres que Jesus realizou, mas para destacar o *momento oportuno* em que aconteceram. Imagine se o homem desolado tivesse pensado:

"Se Jesus tivesse chegado algumas horas mais cedo, minha filha talvez estivesse viva. Agora que ela está morta, é tarde demais para qualquer coisa." Se ele tivesse agido assim, sua vida, a de sua filha e a de todas as pessoas influenciadas por eles teriam sido privadas da admiração e da alegria geradas pelo milagre. Mas, em vez de se concentrar na morte da filha, ele se concentrou na oportunidade a seu alcance – a oportunidade de recrutar a ajuda de uma pessoa milagrosa, alguém que talvez pudesse trazer sua filha de volta à vida.

O mesmo aconteceu com os dois cegos. Imagine se eles tivessem pensado: "Jesus está longe demais e a multidão é muito grande. Talvez consigamos nos aproximar mais amanhã ou em algum outro dia." Ou se tivessem ficado intimidados ou envergonhados demais para pedir ajuda. Se não houvessem aproveitado o *momento*, teriam perdido uma chance única. Perceberam que, se não agissem imediatamente, a oportunidade passaria e talvez nunca voltasse a se apresentar.

Na maior parte das vezes, nos concentramos em qualquer coisa, *menos* no momento presente. Nossos pensamentos ficam dispersos ou concentrados no passado ou no futuro, e deixamos de viver o momento presente. Minha mulher sempre me chama a atenção nesse sentido, tentando me tirar das nuvens e me trazer para o presente. No Capítulo 2, contei como meu filho Devin passou a odiar meu telefone celular porque achava que eu dava mais atenção às pessoas com quem eu falava do que a ele. Eu não estava apenas demonstrando uma preferência pelos outros, mas perdendo meus "momentos" com ele, deixando de ouvi-lo e de demonstrar meu amor e a importância que ele tinha para mim. Tudo isso para atender uma ligação, em vez de esperar um momento mais oportuno, quando eu estivesse sozinho, sem privar meu filho da minha presença.

Para *aproveitar* uma oportunidade, você precisa *vê-la*

Uma das grandes vantagens da American Telecast era nossa capacidade de ver uma oportunidade e agir *imediatamente*. Nossos concorrentes muitas vezes pareciam pesados transatlânticos no oceano. Quando uma oportunidade surgia no horizonte, a burocracia deles demorava tanto para perceber e reagir que, quando o navio estava preparado para virar, a oportunidade já tinha passado. Nós éramos como uma pequena lancha em alta velocidade. Quando víamos uma oportunidade em potencial, conseguíamos virar rapidamente, correr para a posição e conquistar o negócio antes que qualquer um tomasse a iniciativa.

Jesus disse aos discípulos que eles (como muitos de nós) tinham o hábito de procrastinar. Estavam tão concentrados no futuro que perdiam as oportunidades incríveis bem diante de seus olhos. Ele os mandou levantar os olhos e observar os campos à sua frente, pois já estavam prontos para a colheita.

Na maioria das vezes, perdemos as oportunidades que estão bem ao nosso alcance. Tudo o que precisamos fazer é abrir os olhos e procurá-las. Em determinada ocasião, nossa empresa precisava desesperadamente encontrar uma pessoa famosa para estrelar uma campanha publicitária capaz de atrair clientes para uma seguradora. Vivíamos um momento extremamente difícil, quase à beira da falência. Em geral, são necessários de 12 a 18 meses para a contratação de um porta-voz célebre e para a finalização da campanha. Mas precisávamos concluir aquele produto em 16 *semanas*!

No primeiro dia de novembro, eu estava jantando com Harry Morgan, que havia interpretado o coronel Potter na série televisiva M*A*S*H. Harry era um dos meus melhores amigos e tinha sido nosso porta-voz em campanhas anteriores. Quando me perguntou como estavam as coisas, falei dos nossos problemas e da necessidade urgente de encontrar um porta-voz. Harry generosamente sugeriu que eu o usasse, mas respondi que achava que não ia funcionar porque tínhamos explorado demais sua imagem em campanhas anteriores. Ele então disse:

– Acho que posso fazer algo que vai funcionar para você.

Cerca de dois anos antes, sua mulher, com 47 anos de idade, morrera repentinamente de um ataque cardíaco. Nos dois anos seguintes, Harry ficou desolado. Mas superou a situação e disse que estava disposto a falar a respeito do seu suplício no comercial. Ante minha relutância, acrescentou:

– Steve, você não entende. Eu superei aquele obstáculo e agora entendo a terrível dor que uma pessoa enfrenta quando perde seu cônjuge. E eu não tinha problemas *financeiros*. Você consegue imaginar o que as pessoas enfrentam quando, além da perda emocional, sofrem ao mesmo tempo uma calamidade financeira? É sobre *isso* que eu gostaria de falar e sei que você poderia escrever a respeito com sensibilidade.

Eu estivera procurando por toda Hollywood uma nova celebridade, um "campo a ser colhido", e Deus colocou esse campo diante dos meus olhos. Eu disse a Harry que gostaria de tentar. Duas semanas mais tarde, os comerciais estavam prontos e foram lançados em rede nacional apenas seis semanas depois da sugestão de Harry. O anúncio gerou uma das maiores reações na história da televisão, atraiu mais de 1 *milhão* de clientes em potencial e resolveu gloriosamente nossos problemas. Tudo isso porque Harry Morgan viu que o campo bem à nossa frente já estava maduro para ser colhido. Tudo o que tivemos de fazer foi aproveitar o momento. Caso contrário, teríamos falido em poucos meses.

Quantas oportunidades perdemos nos negócios e em nossa vida pessoal porque estamos distraídos por questões pouco importantes, olhando para o passado ou para um futuro distante? O princípio que Jesus revelou foi simplesmente não perder tempo se distraindo ou olhando para trás ou para a frente. Levante a cabeça e focalize a oportunidade bem diante dos seus olhos. E aproveite-a. Jesus sabia que as oportunidades, em sua maioria, são perdidas porque as pessoas estão ocupadas demais com outras coisas para enxergá-las.

As oportunidades para alcançarmos resultados extraordinários estão à nossa volta – agora. Os pensamentos sobre o passado ou o futuro bloqueiam a visão do presente. Digamos que seu cônjuge esteja tentando falar sobre algo importante que aconteceu em seu dia enquanto seu pensamento está ocupado por uma providência que precisa tomar mais tarde. Você só ouve metade do que está sendo dito. Ou imagine que seus filhos estão querendo conversar com você sobre a escola e você não reage porque está pensando em algo que seu chefe lhe disse à tarde.

Jesus nos ensinou que concentrar-se no futuro ou no passado é usar mal o tempo. Ele nos ensinou a "viver o momento presente" mais de 2 mil anos antes que Eckhart Tolle escrevesse seu famoso livro *O Poder do Agora*. Sobre aqueles que vivem no passado, Jesus disse: "Ninguém que põe a mão no arado e olha para trás é apto para o Reino de Deus" (Lucas 9:62). Da mesma maneira, ele falou a respeito do futuro: "Portanto, não se preocupem com o amanhã, pois o amanhã trará as suas próprias preocupações. Basta a cada dia o seu próprio mal" (Mateus 6:34). A boa notícia é que não precisamos esperar nem um segundo para começar nossa viagem em direção ao sucesso. Seja em casa ou no trabalho, podemos começar agora mesmo!

O que nos impede de aproveitar uma oportunidade

Há alguns meses, fui convidado a fazer uma palestra em uma igreja. Na noite anterior, o pastor anunciou que eu falaria sobre uma empresa que fundara e sobre a oportunidade que ela oferecia para que as pessoas obtivessem acréscimos significativos em sua renda. Cerca de 150 pessoas apareceram na igreja. Entre elas estavam dois jovens que pareciam vibrar com cada palavra que eu dizia. Vieram me procurar no dia seguinte e se uniram à nossa empresa como associados independentes. Das 150 pessoas que me ouviram, eles foram os únicos que aproveitaram a oportunidade com todo o coração. A iniciativa rendeu magníficos resultados profissionais e financeiros para os dois.

Apresentei essa *mesma* oportunidade a milhares de outras pessoas, em reuniões e individualmente, mas a maioria não a aproveitou. Por que tantos deixam a oportunidade passar? Existem várias barreiras que impedem as pessoas de aproveitar as oportunidades que estão à sua frente.

Obstáculos que impedem que as oportunidades sejam aproveitadas

1. ***Visão inadequada.*** Talvez seja a oportunidade mais importante de toda a sua vida, mas, se você não a reconhecer como tal, não irá atrás dela e a deixará passar sem aproveitá-la.
2. ***Descrença.*** Você simplesmente não acredita que a oportunidade é real ou que você tem o tempo, o talento, a capacidade, a instrução, o conhecimento ou o dinheiro necessários para explorá-la. Essa descrença pode governar seu presente e arruinar seu futuro.
3. ***Mentalidade de desbravador solitário.*** Você entende a oportunidade e sua importância. Mas se sente sozinho e, mesmo que quisesse fazer uma parceria com alguém, não saberia por onde começar.
4. ***Medo.*** Você acredita que a oportunidade é real e percebe que dispõe de todos os recursos necessários, mas tem medo de falhar e teme as consequências do fracasso.
5. ***Falta de motivação.*** Você acredita que a oportunidade é real e acha que dispõe dos recursos necessários, mas não se sente motivado a agir. Pensa que o valor da oportunidade simplesmente não compensa o tempo, o esforço e a energia

que você teria de empregar para aproveitá-la. Você prefere fazer outra coisa.

6. ***Procrastinação***. Você realmente quer aproveitar a oportunidade – mas está sempre adiando! Agora não é um bom momento. Você está ocupado demais, é inexperiente demais, está passando por apertos financeiros. Certamente, a oportunidade ainda existirá amanhã.

Todo obstáculo pode ser escalado, escavado, removido ou contornado

Expandindo sua visão

Salomão disse que, sem uma visão, as pessoas morrem. Jesus levou essa sabedoria mais além e afirmou que as pessoas veem e, mesmo assim, não percebem. Posso apresentar a mesma oportunidade a milhares de pessoas exatamente da mesma maneira, mas só algumas irão vê-la. E essas poucas pessoas tendem a conseguir resultados excelentes. Usando o processo de mapeamento de visão, o estabelecimento de parcerias eficazes e as técnicas de Edison para identificar as consequências positivas de uma visão, qualquer pessoa pode ver e aproveitar uma oportunidade que realmente lhe interessa.

Transformando descrença em crença

O segundo obstáculo é não acreditar que uma oportunidade é real ou significativa. Como é possível transformar descrença em crença? Não basta mudar seu sentimento. A ÚNICA base sobre a qual uma crença pode ser construída com segurança são *provas*. Ninguém acreditava em Jesus simplesmente porque se sentia bem na sua presença. Ele deu provas irrefutáveis, tangíveis e visíveis de que *era* quem afirmava ser. Se quisermos mudar nossa descrença em relação a uma oportunidade, precisamos primeiro colher provas que nos convençam de que essa oportunidade é real.

Salomão escreveu nos Provérbios que os simples acreditam em tudo, mas que o homem sábio examina profundamente uma questão. Quanto mais forte a prova, maior será sua crença. Se você não conseguir encontrar provas suficientes, talvez a oportunidade não seja tão real ou tão grande quanto você pensava. Mas isso não acontece no caso de oportunidades realmente revolucionárias. Inicialmente, os empresários mais brilhantes em todo o mundo talvez não fossem capazes de encontrar muitas provas que respaldassem a crença de que haveria um mercado inimaginável para os computadores pessoais ou para a internet em um futuro próximo. Os poucos que apostaram naquela oportunidade – antes que houvesse provas suficientes – ficaram bilionários. Passei toda a minha vida profissional procurando oportunidades revolucionárias e, ao encontrá-las, aproveitei-as com toda a minha energia. Errei em quase 40% das vezes, mas, em 60% dos casos, meus parceiros e eu acertamos em cheio, tornando-nos pioneiros e líderes do setor durante nossas primeiras duas décadas no marketing direto televisivo.

Mudando sua mentalidade de desbravador solitário

Se você não se sente capaz de colher provas, precisa criar uma parceria com alguém capaz de fazê-lo. Eu NUNCA tive tempo, talento, capacidade, instrução, conhecimento ou dinheiro para aproveitar sozinho NENHUMA das oportunidades que levaram ao sucesso. Então, o que fiz? Fui procurar esses recursos junto a outras pessoas e estabeleci com elas parcerias eficazes.

Aprendemos na infância a agir sozinhos e a sempre "almejar o primeiro lugar". Mas, na vida, o que importa é o *coletivo*. A única maneira de realizar algo significativo ou extraordinário é formando parcerias. Como vimos no Capítulo 8, ninguém, a não ser Jesus, realiza algo significativo ou extraordinário sozinho. Para difundir sua mensagem, até Jesus dependeu dos parceiros que tinha orientado.

Substituindo o medo pela confiança

Para certas pessoas, o medo é uma barreira tão alta quanto o monte Everest. Algumas deixam passar as oportunidades em seus relacionamentos, projetos, empregos e carreiras porque têm medo de fracassar ou temem as críticas e a rejeição dos outros. Esse medo pode nos paralisar.

Os discípulos de Jesus temiam muitas coisas durante os três anos e meio que passaram ao seu lado. Tinham medo da opinião alheia. Tinham medo de ser feridos e mortos. Tinham medo das críticas e do fracasso. Tinham medo de não receber tudo o que esperavam de seu mentor. Ficavam preocupados com quem se sentaria ao lado de Jesus no Reino dos Céus. No entanto estavam andando com um homem que havia curado os doentes, dado visão aos cegos e levantado os mortos. Várias vezes vemos Jesus dizer a seus discípulos: "Não tenham medo", "Não temam" e "Não deixem que seu coração se perturbe". Mas, ainda assim, eles temiam.

Dito isso, como *nós* devemos enfrentar e superar os medos que nos impedem de aproveitar uma oportunidade? O primeiro passo é descobrir a origem do medo.

O discípulo que tinha o relacionamento pessoal mais próximo com Jesus era João, que escreveu: "O perfeito amor expulsa o medo" (1 João 4:18). *Perfeito* não significa sem falhas. Significa "maduro", "completo" ou "integral". João está dizendo que, quando temos uma relação madura e integral com alguém, nosso medo é expulso pela presença de uma força muito superior: o amor maduro. Se você sente medo em seus relacionamentos, provavelmente é porque está mais preocupado com o que pode *receber* do que com o que pode *dar*. Quando nos concentramos em nós mesmos, o medo pode crescer em nosso coração e em nossa mente. Concentrar-se nas necessidades dos outros cria um ambiente que faz crescer a confiança, a coragem e o amor.

Muitas mulheres têm medo de ser criticadas. Para os homens, o principal medo é o do fracasso. A chave para superar o medo de críticas é aprender a aceitá-las em vez de evitá-las ou fugir delas. Quando olhamos as críticas de frente, e não como se fossem notas em um boletim escolar, temos a oportunidade de aprender lições para o nosso crescimento.

Também é fácil lidar com o medo do fracasso quando conhecemos as técnicas certas. Primeiro, lembre-se de que o fracasso é um dos maiores professores do mundo. Ao rever erros passados, seja na vida profissional ou na pessoal, você pode aprender muito e reformular seus procedimentos. Ao fazer isso, você começará a perder o medo de falhar. É claro que ninguém quer se dar mal, mas você não se sentirá refreado ou paralisado pelo medo do fracasso. O medo se torna um obstáculo menos difícil de ser superado e deixa de ser um bloqueio paralisante.

Anote em uma lista o pior cenário possível de fracasso em relação a uma oportunidade, o melhor cenário possível de sucesso e o cenário que você considera mais provável. Ao fazer isso, você verá que, mesmo na pior das hipóteses, os benefícios do sucesso em potencial superam em muito as desvantagens em potencial do fracasso. Colocar tudo isso por escrito ajuda a administrar e domar os medos.

Superando a *falta* de motivação

A falta de motivação é extremamente fácil de superar. É por isso que ela nunca é nosso problema fundamental. Ninguém se sente motivado a correr atrás de uma oportunidade ou a aproveitá-la sem acreditar na sua importância ou sem se achar *capaz* de concretizá-la.

Se eu oferecer 1 milhão de dólares para que você encontre a casa do meu melhor amigo em 24 horas, mas não disser o nome nem o endereço dele, você não se sentirá motivado a correr atrás dessa oportunidade, pois não tem uma bola de cristal nem meios de realizar uma pesquisa. Mas se eu lhe der instruções e dicas para descobrir o nome e o endereço dele, você começará a considerar a oportunidade real. E ao acreditar que a oportunidade é válida, descobrirá que tem toda a motivação de que precisa.

Quebrando a barreira de procrastinação

Apesar de parecer a menor e mais fácil barreira a ser superada, essa é na verdade uma das mais mortais. É difícil superar o adiamento porque raramente o levamos a sério. E o inimigo mais bem-sucedido em uma batalha é justamente o que não levamos suficientemente a sério. Muitas vezes, vivemos na ilusão de que sempre haverá mais tempo no futuro para fazermos o que precisamos. Então, simplesmente adiamos o esforço de concretizar muitas oportunidades. Não planejamos isso deliberadamente, só não queremos nos esforçar neste exato momento. Vejo isso quase todas as semanas nos negócios e nas carreiras.

Jesus se dirigiu com muita rispidez aos que procuravam adiar. Um homem que queria seguir Jesus disse: "Senhor, deixa-me ir primeiro sepultar meu pai." Essa era uma expressão comum naquela época e significava: "Deixe-me cuidar dos negócios da família até a morte do meu pai e o fim de seu inventário." Jesus respondeu secamente: "Siga-me e deixe que os mortos sepultem seus próprios mortos" (Mateus 8:21-22).

Ele estava literalmente dizendo ao homem para não esperar nem um minuto e segui-lo imediatamente. Jesus sabia que, se o homem não o seguisse naquele instante, não o seguiria mais tarde. Sempre haveria algo a ser resolvido. E, se você esperar até que tudo esteja resolvido, perderá a oportunidade.

A procrastinação é um inimigo formidável porque nos seduz com uma mentira em que é fácil acreditar: "Não é necessário fazer isso agora – mais tarde haverá um momento melhor para que você o faça." Acho que esse é o obstáculo que priva mais pessoas de novas oportunidades. Aqueles que realizam seus sonhos impossíveis *nunca* adiam as providências necessárias para atingir seus objetivos. Eles aprenderam a agir e a agir imediatamente. O mapeamento de visão e o estabelecimento de parcerias eficazes são dois dos melhores métodos que encontrei para evitar o adiamento quando se trata de projetos importantes, tanto em casa como no trabalho.

As oportunidades mais recompensadoras da vida muitas vezes surgem em pequenas embalagens

Quando falo de oportunidades, não estou apenas me referindo às que parecem importantes ou significativas. Quase todas as noites em que estou em casa, na hora de dormir, minha filha de 7 anos me pergunta se podemos ficar abraçados e cantar juntos. Como percebi que ela é mais importante para mim do que qualquer oportunidade de negócio, tornou-se fácil dizer "sim". E o momento em que ficamos cantando abraçados muitas vezes é a melhor parte do meu dia sobrecarregado. Quando eu não estiver mais aqui, minha filha certamente não se lembrará de uma única oportunidade de negócio que aproveitei, mas recordará os momentos em que ficamos cantando abraçados na hora de dormir.

Há um ano e meio, minha mulher e eu passamos as férias no Havaí. Enquanto caminhávamos em um shopping center, notamos um belo casal com dois filhos pequenos. O pai entrou com as crianças em uma loja e a mãe ficou sentada em um banco para descansar por um instante. Shannon e eu podíamos facilmente ter passado por ela sem dizer nada, mas resolvemos parar e cumprimentá-la. Isso deu início a uma conversa em que descobrimos vários pontos em comum. Hoje, Tammy e Roger estão entre nossos melhores amigos. Um relacionamento rico e recompensador teria sido perdido se simplesmente não tivéssemos aproveitado o momento.

Jesus disse: "Abram os olhos e vejam os campos. Eles estão maduros para a colheita."

A COMPREENSÃO TRANSFORMA MENTES, A AÇÃO TRANSFORMA VIDAS

Superando os obstáculos que nos impedem de aproveitar as oportunidades

1. Faça uma lista das oportunidades que você viu e não aproveitou.
2. Usando a relação abaixo, identifique os obstáculos que o impediram de aproveitar as oportunidades listadas no item anterior.
   a. Visão inadequada
   b. Descrença
   c. Mentalidade de desbravador solitário
   d. Medo
   e. Falta de motivação
   f. Procrastinação
3. Você está atualmente vendo alguma oportunidade que *deseja* aproveitar? Quais desses obstáculos o impediriam de aproveitar essa oportunidade?
4. Como você pode superar os obstáculos que o impedem de aproveitar a oportunidade citada?

CAPÍTULO 11

Superar adversidades: transformando barreiras em plataformas de lançamento

"Neste mundo vocês terão aflições; contudo, tenham ânimo! Eu venci o mundo." – Jesus (João 16:33)

"Tudo parecia estar correndo muito bem quando, de repente, BUM! Do nada, fui atacado no meu ponto mais fraco! Eu nunca teria esperado aquilo." Todos nós já ouvimos comentários como esse de pessoas que sofreram desilusões, decepções amorosas e tragédias. Esses ataques repentinos podem vir de problemas inesperados com o cônjuge, um filho, um amigo, um parente, um colega de trabalho, o chefe ou a empresa. Muitas vezes, a adversidade aparece sob a forma de uma doença inesperada, que põe em risco a vida de um ente querido. Mas o que me espanta não é o fato de as pessoas se depararem com adversidades, mas a surpresa que manifestam quando isso acontece. Elas parecem agir como se a adversidade fosse um evento raro na história humana, algo singular e anormal. Embora nenhum de nós *queira* enfrentar situações difíceis, temos de admitir que ninguém passa pela vida sem encontrar adversidades. O que muitos não percebem é que elas são uma parte *normal* e *inevitável* da vida.

Por que sofremos adversidades? Como enfrentá-las da melhor maneira? Jesus oferece ideias e respostas profundas para essas duas perguntas em seus ensinamentos e no seu exemplo. É importante aprender isso, pois se lidarmos com as dificuldades de maneira errada, elas podem nos tornar confusos, cínicos, zangados e amargos. Infelizmente, essa é nossa tendência natural. Mas se as encararmos da maneira certa, elas nos fortalecerão e nos farão crescer. Enfrentar as adversidades no trabalho e na vida pessoal da maneira que Jesus ensinou e demonstrou produz compaixão, empatia, sabedoria e amor inigualáveis, levando-nos à satisfação espiritual e ao sucesso pessoal.

Por que isso está acontecendo comigo?

Quando nos deparamos com uma adversidade, a primeira pergunta que fazemos é: "Por que isso está acontecendo *comigo*?" Esse questionamento é natural. Segundo Jesus, sempre há um motivo para qualquer adversidade que enfrentamos.

Dois tipos de adversidades

Na verdade, existem dois tipos de adversidades com que nos deparamos: adversidades que *nós* causamos ou para as quais contribuímos e adversidades que independem de nossas ações ou do nosso comportamento. Quando enfrentamos uma adversidade causada por nós ou para a qual contribuímos, descobrir seu motivo pode nos ajudar a perceber nossos erros e a ganhar experiência para evitar algo semelhante no futuro. Também pode nos preparar para ajudar os outros a evitar ou a resolver problemas do mesmo tipo. Meu pai fumava e bebia. O tabagismo resultou em dois ataques do coração, três cirurgias cardíacas e, no fim, câncer de pulmão. A bebida limitou bastante seu sucesso profissional e prejudicou profundamente seu relacionamento com minha mãe. Mas ele usou a dolorosa adversidade que enfrentou para *me* ajudar a entender logo cedo que cigarro e álcool eram vícios terríveis capazes de sabotar minha vida se eu caísse em suas garras.

Por causa de nosso comportamento, nossos impulsos e nossos desejos descontrolados, contribuímos para muitas das desventuras pelas quais passamos ao longo da vida. Se nossas ações são responsáveis por apenas 5% de uma situação adversa, *precisamos* assumir total responsabilidade por *aqueles* 5%.

Jesus disse: "Amem os seus inimigos, façam o bem aos que os odeiam, abençoem os que os amaldiçoam, orem por aqueles que os maltratam" (Lucas 6:27-28). Quanta sabedoria nesse conselho! Muitas das adversidades que enfrentamos resultam de ações que causamos ou para as quais contribuímos. Elas poderiam ser evitadas se simplesmente seguíssemos os ensinamentos de Jesus, demonstrando amor em vez de ódio, generosidade em vez de ganância, servindo aos outros em vez de controlá-los ou manipulá-los. Pense em quantos problemas e preocupações no trabalho, com colegas, funcionários e clientes, seriam evitados se agíssemos com compaixão e generosidade de espírito; quantas brigas em casa desapareceriam ou nunca ocorreriam; quantos casamentos seriam não apenas salvos, mas fortalecidos.

Há, porém, outro tipo de adversidade. Mesmo seguindo os ensinamentos de Jesus ao pé da letra, certamente nos depararemos com adversidades que não causamos ou para as quais não contribuímos. As pessoas que estavam trabalhando no World Trade Center, na manhã de 11 de setembro de 2001, nada fizeram para causar a tragédia que as acometeu. Todos já passamos por problemas para os quais não contribuímos em nada. Quando isso acontece conosco ou com nossos entes queridos, é perfeitamente natural perguntar por quê. No entanto, o que importa é a forma como lidamos com os reveses da vida.

Não temos Jesus aqui para nos explicar os motivos que nos levam a enfrentar uma adversidade ou um desafio. No entanto, se abordarmos o problema com a mente e o coração abertos, acho que seremos capazes de descobrir o que fez com que aquela adversidade entrasse em nossa vida. Em 2001, perdi muito dinheiro por causa de várias decisões erradas de investimento. Quando me perguntei a razão daquilo, fui procurar as respostas no livro dos Provérbios. Os Provérbios me revelaram que as perdas tinham sido causadas por minhas próprias ingenuidade e ganância. A ganância me tornou vulnerável aos argumentos descomedidos dos que me convenceram a fazer os investimentos e a ingenuidade me fez investir sem levantar as devidas informações acerca das empresas em questão. A descoberta dessas respostas no livro dos Provérbios me ajudou a evitar erros semelhantes nos anos seguintes.

Problema: respostas incompletas podem levar a conclusões erradas

Às vezes, não obtemos uma resposta completa à pergunta "Por que eu?". Na verdade, alguns porquês podem nunca vir a ser respondidos durante nossa vida. Quando tentamos buscar explicações com especulações ou palpites, podemos incorrer em grave erro. Vi muitas pessoas tentarem descobrir as razões por trás de tragédias como o Holocausto, o 11 de Setembro, o tsunami que matou 250 mil pessoas na Tailândia e na Indonésia ou a devastação provocada por furacões como o Ike ou o Katrina. Embora não haja nada de errado em perguntar "Por quê?", precisamos ter prudência ao tentarmos responder com base em suposições.

Tanto no caso de uma tragédia pessoal, como a morte de um filho, quanto no caso de uma catástrofe universal, como um tsunami ou um furacão, o maior erro que cometemos é tentar entendê-los unicamente a partir da nossa perspectiva limitada e finita. A vida humana é breve; às vezes, não *há* uma explicação racional para calamidades desse tipo. Mas, quando a vida humana na Terra é vista apenas como a primeira página de um livro de 1 trilhão de páginas, até mesmo a pior das tragédias na vida presente é, relativamente falando, só um grão de areia na praia. Jesus nos disse que Deus é infinito, amoroso e misericordioso. Ele tem toda a eternidade para conceder a justiça perfeita. Como um ser humano, limitado por uma vida finita, seria capaz de responder a perguntas cujas respostas só podem ser vistas à luz da eternidade?

Quando alguém me pergunta "Como Deus pôde permitir tamanha desgraça?", eu respondo: "Eu e você vemos esse fato apenas a partir da nossa perspectiva muito estreita e limitada pelo tempo. Essa catástrofe *não* está na última página do livro divino da vida, mas apenas na primeira." Tentar explicar os propósitos de Deus seria o equivalente a uma formiga tentando entender a perspectiva humana, com a diferença de que o cérebro humano está muito mais próximo do cérebro de uma formiga do que da mente de Deus.

Jesus talvez não tenha revelado todos os mistérios relacionados à amplitude das tragédias humanas, mas nos deu tudo de que precisamos para superar as adversidades que encontramos em nosso caminho.

Rompendo os grilhões da adversidade

"Steve, você é a maior decepção de toda a minha carreira. Você nunca alcançará o sucesso no marketing", "Pessoal, é inútil. Não vamos conseguir. Vamos perder tudo", "Steve, quem fala é Austin. Temos más notícias a respeito do seu filho", "Não o amo mais, quero o divórcio". Cada uma dessas frases desoladoras virou minha vida de cabeça para baixo. Em cada caso, eu me senti como se tivesse sido jogado de um navio em um mar escuro e frio, com um peso de meia tonelada acorrentado nos pés. Tive uma sensação de pânico e desespero. Meu coração bateu tão forte que achei que fosse explodir. Estou dizendo isso para que você saiba que entendo bem o que é passar por uma perda ou tragédia devastadora.

Mas eis uma *ótima* notícia: por mais paralisantes que tenham sido, esses acontecimentos *não* arruinaram minha vida. E embora tenham ocasionado muita tristeza e desespero na ocasião, o impacto negativo não foi permanente. Na verdade, essas experiências acabaram se tornando plataformas de lançamento para uma sensação renovada de gratidão, alegria, amor e sucesso. Ao passar por tudo isso, descobri que nenhuma adversidade, por maior que seja, tem o poder de nos destruir ou nos desviar do nosso caminho *se* seguirmos o exemplo e a sabedoria de Jesus. Na verdade, as adversidades podem nos fortalecer e, em última instância, nos proporcionar mais sucesso. Mas a superação de tais situações *não* é simplesmente uma questão de pensamento positivo. Precisamos de ferramentas adequadas para sobreviver às adversidades. Quero dar a você as ferramentas que acabaram me ajudando a ascender a níveis que eu nunca teria atingido de outra maneira.

Um fato não diz respeito a apenas um fato... Tudo está relacionado a tudo!

Keith Craft é um dos principais mestres de liderança dos Estados Unidos. Também é pastor de uma igreja maravilhosa em Frisco, no Texas. Ao participar recentemente de um culto, eu o ouvi dizer: "Um fato não diz respeito a apenas um fato... tudo está relacionado a tudo." Em outras palavras, quando vivenciamos um acontecimento de qualquer tipo, ele diz respeito a muitas outras coisas além dele mesmo.

Nos primeiros seis anos após a faculdade, toda vez que começava em um emprego novo, eu pensava: "Esta é a empresa na qual vou trabalhar pelo resto da vida." Porém, nenhum daqueles nove primeiros empregos durou mais de nove meses; a maioria, de fato, durou menos de seis. Toda vez que eu era demitido, ficava muito chateado, pois achava que minha carreira e meu sucesso tinham saído definitivamente dos trilhos. Mas a verdade é que nenhum dos meus empregos envolvia só o meu desempenho e *nenhum* deles formava a base da minha carreira. E quando eu era demitido, minha carreira e meu sucesso *não* saíam dos trilhos! Na verdade, se eu *tivesse* sido bem-sucedido no primeiro emprego, nunca teria aceitado o segundo. Se não tivesse aceitado o segundo, nunca teria acumulado os conhecimentos e habilidades que ele me proporcionou e que foram preciosos para o meu futuro. Se não tivesse fracassado no segundo emprego, nunca teria aceitado o terceiro, no qual aprendi muitíssimo sobre publicidade. Se não tivesse sido demitido do terceiro emprego, nunca teria conhecido em meu quarto emprego Bob Marsh, que se tornou meu mentor e parceiro. Se não tivesse perdido o quarto emprego, nunca teria me mudado para Phoenix, onde conheci Gary Smalley, meu mentor em comunicação e relacionamentos. E nunca teria começado em meu novo emprego, no qual fui apresentado ao marketing *televisivo* de resposta direta. Se eu tivesse realmente obtido sucesso em qualquer um dos meus oito primeiros empregos, nunca teria chegado ao nono, que se tornou a plataforma de lançamento para o décimo. E foi no décimo emprego que meus sócios e eu construímos as empresas que geraram riqueza financeira e, sobretudo, nos possibilitaram influenciar positivamente dezenas de milhões de pessoas.

Saliento tudo isso para mostrar que a importância dos fracassos e sucessos de cada um daqueles nove primeiros empregos foi o papel desempenhado por eles em meu *imprevisível* futuro. Embora eu considerasse cada demissão uma tragédia, tanto os empregos quanto as demissões foram, na verdade, passos *necessários* para preparar o terreno para o sucesso que obtive graças ao meu último emprego. Ao longo dos anos, descobri que os passos que descrevo a seguir possibilitaram que eu e inúmeras outras pessoas navegássemos com sucesso por entre as adversidades, saindo das provações bem mais fortes do que antes.

Passo 1: Reconheça que a adversidade produz benefícios que não podem ser conquistados de outra maneira

O primeiro passo para superar uma adversidade é ter consciência de que ela é apenas *temporária*. Além disso, se for enfrentada da maneira correta, produzirá no futuro *benefícios* que nunca poderiam ser conquistados *sem* ela. Tiago, ao escrever no século I a um grupo de judeus cristãos que estava sendo impiedosamente perseguido (ele acabaria sendo martirizado pelos perseguidores), disse: "Considerem motivo de grande alegria o fato de passarem por diversas provações, pois vocês sabem que a prova da sua fé produz perseverança. E a perseverança deve ter ação completa, a fim de que vocês sejam maduros e íntegros, sem lhes faltar coisa alguma" (Tiago 1:2-4).

O apóstolo Paulo, ao escrever aos cristãos que estavam sofrendo perseguições e provações semelhantes nas mãos de César, disse: "Embora exteriormente estejamos a desgastar-nos, interiormente estamos sendo renovados dia após dia, pois os nossos sofrimentos leves e momentâneos estão produzindo para nós uma glória eterna que pesa mais do que todos eles. Assim, fixamos os olhos não naquilo que se vê, pois o que se vê é transitório, mas o que não se vê é eterno"(II Coríntios 4:16-18).

Passo 2: Procure um tesouro em sua adversidade

Quando perdia o emprego naqueles anos longínquos, eu não conseguia ver benefício algum, apenas problemas: a impossibilidade de pagar minhas contas, as dívidas acumuladas, o grande estresse que minha mulher e eu estávamos vivenciando. Se eu soubesse que tudo era uma preparação para o que veio a se tornar uma carreira muito bem-sucedida e recompensadora, talvez tivesse encarado aquelas situações de maneira bem diferente. Há muitos anos, Gary Smalley me ensinou o que Paulo ensinara aos cristãos 2 mil anos antes: toda provação que enfrentamos produz tesouros ocultos que não podemos enxergar à primeira vista. A única maneira de encontrá-los é cavando sob a superfície.

Na minha adolescência, tive muita acne. Durante quatro anos, eu ia toda semana ao dermatologista e sofria enquanto ele lancetava cada espinha. Parecia que minhas piores espinhas sempre surgiam algumas horas antes de um encontro com uma garota. O constrangimento não tinha fim. Eu não sabia que a dor emocional e física que tive com a acne me proporcionaria a experiência, as emoções e as palavras de que precisaria para escrever o comercial que lançaria nossa empresa anos mais tarde. As minhas palavras iniciais foram: "A acne é dolorosa, física e emocionalmente. Seja você adolescente ou adulto, a acne causa constrangimento e ansiedade." Eu não imaginava que havia um tesouro escondido na minha experiência, pois aquele primeiro comercial simples gerou milhões de dólares em vendas e se tornou a base sobre a qual nosso empreendimento televisivo foi construído.

Mas o sucesso profissional que acabou surgindo a partir do meu problema não foi o único benefício que recebi. A acne me deu sobretudo um senso de humildade e empatia em relação à dor alheia. Passei a sentir compaixão pelos outros jovens que também tinham problemas que os tornavam "menos atraentes".

Foi Gary Smalley que me ensinou pela primeira vez a buscar um tesouro em minhas provações. Desde então é o que faço com cada desafio significativo que enfrento. Como costuma dizer o internacionalmente renomado guru motivacional Zig Ziglar, provações e tribulações nos tornam amargurados ou melhores – a *escolha* é sua! A procura de um tesouro na adversidade pode ser o principal passo para transformar uma pessoa "amargurada" em uma pessoa "melhor".

Passo 3: Saiba que a adversidade pode gerar satisfação espiritual

Muitos dos meus amigos mais íntimos enfrentaram adversidades terríveis. Alguns perderam o que pouparam a vida toda e outros perderam filhos. Mas, em todos os casos, a adversidade se tornou uma porta de entrada para um relacionamento mais íntimo, significativo e satisfatório com Deus. O mesmo se aplica a mim e à minha família. Embora alguns possam pensar que a adversidade diminui ou corrói a fé, comigo aconteceu exatamente o oposto – minha fé ficou fortalecida.

Quando jovem, enfrentei vários desafios difíceis, mas meus pais e minha irmã sempre estiveram ao meu lado. Eles me amaram, me guiaram e me encorajaram. A adversidade nos aproximou. Jesus nos diz que o mesmo se aplica ao nosso relacionamento com Deus. "Não se vendem dois pardais por uma moedinha? Contudo, nenhum deles cai no chão sem o consentimento do Pai de vocês. Até os cabelos da cabeça de vocês estão todos contados. Portanto, não tenham medo; vocês valem mais do que muitos pardais!" (Mateus 10:29-31).

No Sermão da Montanha, Jesus prometeu que aqueles que usassem a adversidade para se aproximar de Deus "possuiriam a terra". Também disse: "Portanto, quem ouve essas minhas palavras e as pratica é como um homem prudente que construiu sua casa sobre a rocha. Caiu a chuva, transbordaram os rios, sopraram os ventos e deram contra aquela casa, mas ela não caiu, porque tinha seus alicerces na rocha" (Mateus 7:24-25). Em outras palavras, ao criar uma base forte em nossa vida emocional e espiritual, uma base construída com a sabedoria e as palavras de Jesus, podemos sobreviver às tempestades das adversidades, por mais fortes que sejam.

Em momentos de tribulação, muitas vezes perdemos inteiramente o controle da situação e até mesmo da nossa vida. Isso pode revelar até que ponto somos impotentes. Um dos discípulos de Jesus escreveu: "Deus se opõe aos orgulhosos, mas concede graça aos humildes" (I Pedro 5:5). Não há melhor lição de humildade do que a adversidade.

Passo 4: Permita que a adversidade o ajude a substituir preocupação e medo por confiança

"Seu filho Zach sofreu um acidente", "Seu filho Devin tem um tumor maligno no abdômen. Ele está voltando para casa esta semana para fazer um tratamento médico de emergência". No ano passado, essas duas frases foram ditas a mim. Nas duas ocasiões eu estava viajando. As situações eram extremamente sérias e estavam fora do meu controle. Em ambas, rezei pedindo força para meus filhos e sabedoria e fé para minha mulher e para mim. Embora eu tivesse sido instantaneamente tomado por medo, pânico e tristeza, descobri que precisava fazer uma escolha: agir com medo ou confiar em Deus. Nos dois casos, após reunir todas as informações possíveis, procurei conforto, orientação e ajuda em Jesus e em sua sabedoria. Eis o que aconteceu.

Um cruzeiro muito esperado com minha mulher

Por causa dos meus compromissos profissionais e das necessidades de nossos filhos, minha mulher e eu raramente viajamos sozinhos. Mas, em setembro de 2007, fizemos um cruzeiro de quatro dias, planejado havia muito tempo, partindo de Vancouver, no Canadá, com destino a Los Angeles. O cruzeiro começou no sábado e a primeira noite não poderia ter sido melhor. Na manhã seguinte, chegamos a Victoria, no Canadá, e fomos despertados às 7h pelo telefone da cabine. Nosso amigo Austin, que estava de olho nos nossos filhos, disse que Zach, meu filho de 26 anos, tinha sofrido um acidente. Meu filho mais velho, Mark, e meu melhor amigo, Jim, pediam que eu ligasse imediatamente.

Fiquei convencido de que Zach morrera no acidente. Estava em prantos, desesperado. Minha mulher ligou para Mark, que me ouviu chorando. Suas primeiras palavras me tranquilizaram: "Papai, Zach vai ficar bom."

Naquele momento, uma profunda sensação de alívio tomou conta de mim, e me senti preparado para ouvir o que tinha acontecido.

Mark me disse que houvera uma explosão e que Zach tinha sido levado para uma ala de queimados de um hospital da Filadélfia. Por engano, meu filho pegara uma banana de dinamite que explodira, arrancando as pontas de seus dedos e fraturando sua mão. Naquele momento estava sendo operado.

Minha mulher e eu desembarcamos o mais depressa possível e voamos de Victoria para a Filadélfia. Durante o voo, tive muito tempo para refletir e rezar. Sabendo que a vida do meu filho não corria mais perigo, senti-me aliviado de meus piores temores. Mas eu me perguntava se Zach ficaria mutilado, se poderia concluir seu semestre final na faculdade e como seria seu futuro profissional. As palavras tranquilizadoras de Jesus no capítulo 14 do evangelho de João ressoaram em minha mente: "Não se perturbe o coração de vocês. Creiam em Deus; creiam também em mim." Minha mulher e eu chegamos ao hospital logo após a meia-noite. Ao entrar no quarto de Zach, vi que suas duas mãos estavam enfaixadas e havia marcas de estilhaços e queimaduras em seu rosto e seu pescoço. Para minha surpresa, suas primeiras palavras foram de gratidão:

– Papai... Shannon... que bom que vocês estão aqui! Sou mesmo abençoado! Se eu tivesse soltado a dinamite meio segundo mais tarde, teria perdido toda a mão. Poderia ter morrido. Mas perdi apenas as pontas dos dedos da mão esquerda. A outra está perfeita... ainda sou capaz de descascar uma laranja!

Fiquei muito orgulhoso dele. Em vez de agir como vítima, Zach sentia uma gratidão profunda.

Embora tenha perdido o semestre acadêmico, Zach retomou os estudos no semestre seguinte e se formou quatro meses mais tarde. Sua coragem, seu empenho e sua perseverança tornaram-se o principal assunto da faculdade e ele foi indicado pelos professores para um prêmio na sua especialidade "por dedicação e excelência".

Apenas oito meses mais tarde, eu estava em Dallas, prestes a falar sobre minha mais nova empresa para uma plateia de 140 pessoas, quando, de repente, recebi um e-mail alarmante no celular. Meu filho de 22 anos, Devin, que estava morando no Uruguai, tinha recebido o diagnóstico de um tumor maligno e estava voltando para casa no fim daquela semana para se tratar. Meu primeiro impulso foi cancelar a palestra. Mas pensei nas 140 pessoas que tinham comparecido para ouvir minha apresentação. Então, subi ao palco e, no final da apresentação, contei o que tinha acontecido e pedi que rezassem por Devin naquela semana. Para minha surpresa, Keith, o pastor que me convidara, disse:

– Não vamos esperar, vamos rezar agora mesmo.

Ele chamou alguns dos líderes da sua igreja para formar um círculo à minha volta e fez uma prece bastante curta que incluiu as seguintes palavras:

– Pai, sabemos que és o "Grande Médico" e, neste momento, em nome de Jesus Cristo, pedimos que faça o tumor de Devin... simplesmente desaparecer. E, quando o cirurgião o operar, peço que ele diga a Steve: "Estou confuso... não entendo... não encontrei o câncer... nunca vi nada assim." Saberemos então que tu realizaste um milagre e receberás toda a glória. E peço tudo isso em nome de Jesus Cristo. Amém.

Com lágrimas nos olhos, abracei Keith e os que se reuniram para orar. Então, Keith disse:

– Irmão, Deus atendeu nossa prece. Seu filho está bem. Você não tem com o que se preocupar.

Por mais que eu quisesse acreditar nele, não conseguia. Mais tarde, disse a Keith:

– Minha esperança valia 10 dólares, mas minha fé não valia 10 centavos.

Cheguei em casa dois dias mais tarde e encontrei minha mulher desesperada. Depois de ficarmos abraçados durante vários minutos, sugeri que lêssemos o que Jesus disse sobre ansiedade, preocupação e medo. Ele fez cerca de 40 afirmações a esse respeito. Enquanto líamos, uma paz incrível e inexplicável tomou conta de nós. Eis alguns comentários que Jesus fez para ajudar a acalmar os corações ansiosos:

> "Não se perturbe o seu coração nem tenham medo" (João 14:27).
>
> "Neste mundo vocês terão aflições; contudo, tenham ânimo! Eu venci o mundo" (João 16:33).
>
> "Bem-aventurados os que choram, porque serão consolados." (Mateus 5:4).
>
> "Por que vocês estão perturbados e por que se levantam dúvidas no coração de vocês?" (Lucas 24:38).
>
> "Não tenha medo; tão somente creia" (Marcos 5:36).
>
> Na verdade, Jesus repetiu sua advertência – "Não tenha medo" – várias vezes.

A mensagem principal era clara: Jesus ordenava que não tivéssemos medo, mas simplesmente confiássemos nele. Não estava pedindo que apagássemos, como em um passe de mágica, nossos sentimentos de medo e aflição, mas nos dizia para controlar nosso comportamento e começar a agir com fé e coragem.

Dois dias mais tarde, Devin chegou e nós o levamos correndo para o hospital. Depois de um exame e uma revisão dos seis ultrassons feitos quatro dias antes, o cirurgião nos deu a má notícia:

– Sabemos que o tumor é cancerígeno por causa do tamanho e do formato irregular. Marquei a cirurgia para segunda-feira de manhã. Enquanto ele estiver na mesa de cirurgia, faremos uma biópsia para determinar o tipo de câncer e também faremos tomografias do abdômen, do tórax e do cérebro para ver se houve metástase.

Duas horas depois do início da cirurgia, uma enfermeira veio ao nosso encontro.

– O médico está no telefone querendo falar com um de vocês.

Minha mulher agarrou o aparelho. As lágrimas escorreram de seus olhos quando ela ouviu o médico dizer:

– Estou confuso! Não estou entendendo. Quando abri, não consegui achar o tumor. Parece ter sumido. Enviei para análise uma seção congelada do tecido adjacente e o resultado foi negativo. Simplesmente não entendo. Vou sair em alguns instantes para conversar com vocês.

Eu não tinha contado a Shannon da prece de Keith uma semana antes porque simplesmente não acreditara naquilo. Mas, naquele momento, contei. O médico havia acabado de repetir três ou quatro frases que, em sua oração, Keith pedira que ele dissesse. Depois, o médico saiu da sala de cirurgia. Sentado à nossa frente, disse:

– NUNCA vi nada assim! Fiquei tão atônito que chamei todos os urologistas do hospital para darem uma olhada. Eles ficaram tão perplexos quanto eu.

Depois, nos informou que estava enviando o tecido para um exame patológico completo, e que receberia o resultado em uma semana. Disse que, às vezes, esse exame revela algum indício cancerígeno não detectado pela biópsia.

Quatro dias mais tarde, recebi um telefonema da sua enfermeira:

– Steve, o exame patológico chegou. Mas, antes de dar o resultado, gostaria de dizer que Devin é o assunto principal do departamento de urologia. A única palavra que está sendo usada é *milagre*! Ele não tem câncer!

Descobrimos que dezenas de milhares de pessoas tinham rezado por Devin naquela semana. O orador motivacional Zig Ziglar acionara sua "corrente de preces". Em menos de 24 horas, 25 mil pessoas estavam rezando por um rapaz do qual nunca tinham ouvido falar.

A lição que tiramos disso é que a adversidade pode ser uma ponte para a fé. Basta substituir nossos temores pela confiança na sabedoria e nas palavras de Jesus.

Passo 5: Use a adversidade para agir como Jesus teria agido

Em várias ocasiões, amigos íntimos que eu ajudara em momentos de sofrimento me apunhalaram pelas costas, causando ferimentos inimagináveis em mim e na minha família. Em todos esses casos, senti, logo de início, muita raiva. Eu não tinha feito nada para ofender aquelas pessoas – na verdade, até hoje, cada uma delas diria que demonstrei mais amor e consideração do que qualquer outro amigo. No entanto elas nos magoaram terrivelmente.

Em cada um dos casos, descobri que a chave para *superar* a raiva, a mágoa e a dor era oferecer um coração clemente. Ao refletir sobre como Jesus tinha reagido àqueles que o condenaram à morte e como perdoara tão misericordiosamente todos os meus erros, ficou mais fácil perdoar aquelas pessoas que tinham me prejudicado. Ao perdoá-las, a dor emocional e a raiva desapareceram.

Quanto mais ajo da maneira como Jesus teria agido, mais generoso e próximo me sinto em relação aos que me cercam. Assim, não apenas me sinto bem, mas tenho mais facilidade para tratar melhor os outros.

Passo 6: Encare a adversidade com ousadia

Quando enfrentamos uma adversidade, nossa tendência natural é refugiar-nos em nossa concha ou atacar com raiva qualquer coisa ou pessoa que possamos culpar. Jesus fez o oposto. Nunca se refugiou em uma concha, atacou ou culpou os outros pelos seus problemas. Ocasionalmente se afastava das multidões a fim de redirecionar sua atenção para questões mais urgentes. Na noite da traição de Judas, afastou-se de seus discípulos – não para fugir da adversidade, mas para rezar.

Em seus ensinamentos, Jesus diz várias vezes aos discípulos para enfrentar a adversidade de maneira proativa e com coragem. Mas, embora nos exorte a "ter coragem e não ter medo", Jesus não espera nem exige que nos libertemos em um passe de mágica dos nossos sentimentos de medo ou angústia. Em vez disso, ele deseja que façamos o que ele fez: encontremos respostas na esperança, na coragem e na fé. Toda vez que nos sentimos ansiosos, desanimados ou desesperados, ele promete que, se o seguirmos e vivermos de acordo com suas palavras, conheceremos a verdade e a verdade nos libertará (João 8:31-32).

A COMPREENSÃO TRANSFORMA MENTES, A AÇÃO TRANSFORMA VIDAS

Rompendo os grilhões da adversidade

1. Pense em uma adversidade atual ou recente que você teve de enfrentar ou está enfrentando.
2. Essa adversidade é algo que você ajudou a criar ou você não tem nada a ver com sua causa?
3. Se você contribuiu para a adversidade, o que acha que pode fazer para corrigir seu comportamento nessa situação?
4. Procure um tesouro nessa adversidade. Anote qualquer benefício que você teve ou que poderia vir a ter como resultado direto do problema. (Por exemplo, mudanças positivas na sua personalidade ou em seu comportamento, transformação de um ponto fraco ou uma nova capacidade para compreender ou ajudar outras pessoas que estão passando por situações semelhantes.)
5. A partir do que você sabe sobre Jesus, como ele teria agido ou se comportado se tivesse enfrentado a mesma adversidade?
6. Como você pode "atacar" essa adversidade com ousadia?

CAPÍTULO 12

Um tipo de amor totalmente diferente

"Ninguém tem maior amor do que aquele que dá a sua vida pelos seus amigos." – Jesus (João 15:13)

Mais canções foram compostas sobre o amor do que sobre qualquer outro tema. Os livros que narram histórias de amor são os mais vendidos. As mulheres anseiam pelo amor e os homens sacrificariam quase tudo para obtê-lo.

Sim, o amor romântico *é* maravilhoso! Porém, homens e mulheres em geral se *desapaixonam* com a mesma rapidez com que se *apaixonam*. Quase todos os noivos se descreveriam como perdidamente apaixonados e diriam que não conseguem imaginar a vida sem o futuro cônjuge. Todavia, pelo menos 52% desses casais acabarão se divorciando. Por que o amor parece tão forte no início de um relacionamento e se torna fraco à medida que o tempo passa?

A resposta é bastante simples. Culturalmente, equiparamos o amor aos sentimentos que são a substância e o ímpeto do amor "romântico". E como as emoções sobem e descem como uma montanha-russa e são tão temporárias e imprevisíveis quanto o vento, qualquer coisa baseada em emoções pode ser instável e efêmera. A fase de entusiasmo do amor costuma passar logo e, quando isso acontece, tudo o que compete com nosso tempo e nossa atenção pode comprometer nossos sentimentos. Ao mesmo tempo, nos tornamos muito mais conscientes dos defeitos e fraquezas do nosso cônjuge, que não enxergávamos ou que tolerávamos bem mais durante a fase de entusiasmo.

Usamos a palavra *amor* para descrever ou justificar vários comportamentos e ações, sendo que alguns têm pouco ou nada a ver com o que geralmente associamos a esse sentimento. Por exemplo, uma infame celebridade esportiva, julgada pelo homicídio duplo de sua mulher e de um jovem, explicou seu comportamento escrevendo: "Eu a amava demais." Inúmeros homens e mulheres fizeram coisas terríveis em nome do amor. Abandonaram cônjuges e filhos inocentes e dependentes quando se "desapaixonaram", ou se "apaixonaram" por outra pessoa.

Mas o amor romântico não é o único tipo de amor que devasta a vida de muitas pessoas. Inúmeras famílias foram emocionalmente feridas por um genitor que "ama" tanto o trabalho ou um hobby a ponto de roubar tempo da própria família e gastá-lo com iniciativas e atividades menos merecedoras. Como mencionei no Capítulo 9, ao ser arrebatada por qualquer tipo de paixão, uma pessoa pode acabar se tornando escrava dessa paixão. E muitos tipos de obsessão são descritos com a palavra *amor*, podendo se referir a uma pessoa, um emprego, um hobby ou um jogo.

Um tipo de amor *diferente*, infinitamente melhor

Jesus apresentou ao mundo um tipo de amor totalmente *diferente*, um amor que *não* se baseia em sentimentos humanos e que não depende da nossa natureza mutável, dos nossos hormônios, nem mesmo da pessoa que é objeto do nosso amor. Trata-se de um tipo de sentimento infinitamente mais estável, confiável e poderoso do que aqueles que, em geral, definimos como amor. Esse tipo de amor possibilita que você perdoe alguém que não merece seu perdão. É tão poderoso que é capaz de fazer com que você seja gentil e ajude pessoas que não gostam de você ou que até mesmo o odeiam. É um tipo de amor que pode lhe dar a visão, a criatividade e o poder para abençoar a vida dos outros mesmo quando você está física ou emocionalmente esgotado. Esse amor é a base de um relacionamento que, como Jesus falou, durará realmente "até que a morte nos separe". Esse tipo de amor pode ser usado *em qualquer lugar*, em qualquer circunstância. Ao contrário do amor romântico, trata-se de um amor que posso estender a meus funcionários, sócios ou clientes. É tão aplicável e poderoso no local de trabalho quanto nos relacionamentos íntimos e pessoais.

Infelizmente, não temos uma palavra adequada para definir esse tipo singular de amor. Mas o Novo Testamento foi escrito em um dialeto do grego, que era a língua falada e escrita em Israel no tempo de Cristo, que *tem* uma palavra especial para esse tipo especial de amor. A palavra usada por Jesus era *agape* (á-ga-pe). Embora o *agape* possa resultar em sentimentos, eles não são a sua fonte nem a sua substância ou fundamento. Na verdade, o *agape* pode ser vivenciado e seu poder pode ser utilizado, mesmo quando não experimentamos qualquer das emoções presentes no amor romântico.

O que esse amor pode fazer por você, afinal? Quando você leva o *agape* para seu local de trabalho e para sua vida pessoal, ele causa uma mudança tal em sua vida e na vida das pessoas com quem você interage que nenhuma outra postura é capaz de gerar. Ele lhe dá o poder de introduzir diferenças positivas inimagináveis na vida dos outros. Você poderá agregar valor, estima, criatividade, lealdade, produtividade e alegria de sobra na sua relação com os demais.

Além de criar relacionamentos mais fortes, satisfatórios e seguros, esse tipo de amor também criará um nível de satisfação e alegria mais alto na sua própria vida à medida que você o expressar e testemunhar o modo como ele liberta quem o recebe. No meu caso, o *agape* não apenas me permitiu ser o tipo de marido e pai que sempre quis ser, mas também criou centenas de relacionamentos e amizades sólidas em minha vida profissional.

O que torna o *agape* tão diferente?

Para entender melhor o *agape*, precisamos compará-lo ao amor convencional, aquele em que a maioria de nós pensa ao usar a palavra *amor*.

1. ***Eles provêm de duas fontes diferentes.*** A fonte do amor convencional é geralmente o *objeto* daquele amor. Em outras palavras, amamos a outra pessoa por ela ser *quem* é, pelo que faz ou por sua aparência física. Se ela tem uma personalidade atraente, nos trata bem ou é bonita, nós a consideramos amável e, portanto, a amamos. O problema é que, quando ela se torna menos amável, tendemos a amá-la menos. As características que consideramos dignas de afeto no início do relacionamento podem se tornar incômodas ou até mesmo ofensivas à medida que ele avança. Quando o comportamento do outro em relação a nós muda, nosso amor também se transforma. Muitas pessoas passam a achar o cônjuge menos atraente à medida que ele envelhece e os sentimentos em relação a ele também mudam.

   Por outro lado, a fonte do *agape* é o próprio Deus. Como Jesus ensinou, Deus não nos ama porque fizemos algo para merecer aquele amor. Ele nos ama por ser quem é e não pelo que somos! O *agape* não diminui com o tempo nem muda com as circunstâncias. Lembre-se: não estamos falando de um amor sentimental e terno. Trata-se de um amor realmente *centrado em valores*, que resulta na conduta adequada. Esse tipo de amor desafia firmemente o comportamento errado, embora trate com um carinho extraordinário a pessoa que erra.
2. ***Eles são expressos de maneiras diferentes.*** O amor convencional costuma ser expresso por meio de nossas emoções e está diretamente ligado ao comportamento da pessoa amada e a como nos *sentimos* em relação a ela em determinado

momento. Por exemplo, é menos provável que expressemos nosso amor por alguém que está se comportando mal em relação a nós do que por alguém que está nos agradando. E, se estivermos física ou emocionalmente esgotados ou distraídos, podemos sentir menos amor do que sentimos quando estamos física e emocionalmente energizados.

O *agape*, porém, é expresso por meio de ações concretas e não depende do comportamento da pessoa amada nem do nosso estado físico ou emocional. Se abrirmos o coração e a mente para seguir o exemplo e as instruções de Jesus sobre *como* amar os outros da maneira como ele ama, nos tornaremos um *canal* para que o amor dele toque todos aqueles que cruzarem nosso caminho.

3. ***A confiabilidade de cada um desses amores é diferente.*** Enquanto o amor convencional é sujeito a mudanças, isso não acontece com o *agape*. Quando amamos alguém dessa maneira, a pessoa amada é capaz de contar com o nosso amor. O *agape* sempre age em benefício dos *outros*, mesmo quando isso contraria o nosso interesse. Esse tipo de amor cria honra, autoestima, integridade, confiança, compromisso e lealdade em qualquer relacionamento.
4. ***O poder de cada um desses amores é diferente***. Por ser tão dependente das características do objeto do nosso amor e do nosso estado físico e emocional, o amor convencional tem um poder limitado de realizar mudanças permanentes e melhorias duradouras. Por outro lado, o *agape* é libertador e pode mudar de maneira permanente a vida das pessoas quando o aplicamos consistentemente em nossos relacionamentos.

Saulo de Tarso odiava os cristãos e se sentia justificado quando os prendia e executava. Tudo isso mudou quando ele foi confrontado por Jesus na estrada que levava a Damasco. Anos depois, ele escreveu na cidade de Corinto uma carta para os cristãos na qual dava uma definição maravilhosa para o *agape*. Ele o descreveu listando algumas de suas características:

O amor é paciente, o amor é bondoso. Não inveja, não se vangloria, não se orgulha. Não maltrata, não procura seus interesses, não se ira facilmente, não guarda rancor. O amor não se alegra com a injustiça, mas se alegra com a verdade. Tudo sofre, tudo crê, tudo espera, tudo suporta.

O amor nunca perece.

(I Coríntios 13:4-8)

Como seriam diferentes os casamentos, as famílias e os locais de trabalho se esse tipo de amor se tornasse a força dominante em nossa vida! Ninguém é capaz de impor esse amor aos outros, mas podemos nos tornar um agente seu em todos os lugares a que formos. Paulo afirmou que o *agape* deveria ser a força que impele, motiva e guia nossa vida.

Meus mentores – Bob Marsh, Gary Smalley e Jim Shaughnessy – me amaram dessa forma. Minha mulher também. O amor deles não apenas mudou minha vida, mas me fez amá-los de uma maneira que nem tenho como expressar. E, sobretudo, fez com que eu quisesse amar os outros da mesma forma como eles me amaram.

O *agape* no local de trabalho

Quando eu lecionava, as pessoas me perguntavam como poderiam usar o *agape* no local de trabalho. Afinal, a maioria de nós vive em um ambiente empresarial tenso, competitivo e implacável. Não lutamos apenas contra nossos concorrentes para conquistar mercados, competimos com nossos colegas de trabalho por promoções, popularidade e até mesmo pela manutenção do emprego.

Depois de 30 anos de carreira, aprendi uma verdade importante e comprovada: por mais terrível que sejam as ações dos outros no local de trabalho, o mais importante é como *eu* ajo. Quando comecei a trabalhar, um executivo de uma empresa me disse: "Se você não começar a cuidar dos seus próprios interesses e deixar de ser tão gentil, vai ser devorado vivo." Ele estava em parte certo e em parte errado. Se eu fosse gentil e *tolo*, seria devorado vivo. Mas Jesus disse: "Eu os estou enviando como ovelhas entre lobos. Portanto, sejam prudentes como as serpentes e sem malícia como as pombas" (Mateus 10:16). Foi esse o modelo que me esforcei para seguir. Estudei os Provérbios e pedi sempre a Deus que mantivesse a sabedoria nas minhas relações. Houve ocasiões em que fui realmente devorado. Mas, apesar de algumas catástrofes profissionais, minha carreira e meu sucesso avançaram muito mais do que eu poderia ter sonhado. Posso dizer com sinceridade que nunca magoei intencionalmente ninguém em minhas transações profissionais, pois sempre procurei praticar o *agape*. É claro que, sem querer, magoei pessoas nos negócios. Quando esses erros foram apontados, fiz o que pude para corrigi-los - algumas vezes, com sucesso; outras, não. Como consequência de 39 anos de tentativas para levar esse tipo de amor para o local de trabalho, desenvolvi muitas amizades maravilhosas e duradouras e fiz apenas alguns poucos inimigos (o que, ainda assim, lamento).

Como você pode levar *esse* tipo de amor para o local de trabalho? Já que uma imagem vale mil palavras, vou tentar dar um exemplo. Há muitos anos, fiz um teste para determinar meu tipo de personalidade. Esse teste classifica você como leão, castor, lontra ou cão labrador. Eu sou um leão. O leão é o tipo de personalidade mais agressivo, menos paciente, mais orientado para projetos e menos voltado para pessoas. É da minha natureza começar cada dia de trabalho concentrado no que precisa ser feito e executar tudo da maneira mais rápida e eficaz possível. Por natureza, detesto reuniões, longas discussões e desperdício de tempo. Gosto de ir direto ao assunto e resolver as coisas. Nem é preciso dizer que esse tipo de comportamento no local de trabalho pode ser bastante agressivo. As pessoas com personalidade de leão com frequência colocam os projetos acima das pessoas. Em outras palavras, minha personalidade – minha propensão natural – no ambiente profissional é totalmente contrária à expressão do *agape*. No entanto, por ter conhecido aquele carpinteiro sem-teto seis anos antes de entrar no mercado de trabalho, eu já tinha descoberto os incríveis benefícios e a alegria de expressar esse amor a qualquer pessoa que cruzasse meu caminho. Assim, sua aplicação no local de trabalho foi uma adaptação natural para mim.

Primeiro, presto atenção nos outros. Olho nos olhos qualquer pessoa com quem falo, depois sorrio e faço pelo menos uma ou duas perguntas a seu respeito. Segundo, quando falam comigo, concentro-me no que estão dizendo e não em como vou responder ou reagir. Muitas vezes peço que a pessoa explique ou ilustre seu argumento, não obrigatoriamente porque precise de uma explicação ou exemplo, mas para mostrar um nível de interesse que a *valorize*, dando importância a sua opinião ou ideia. Terceiro, procuro oportunidades para estimular os outros e expressar meu apreço e minha gratidão. Elogio as pessoas por ações específicas em vez de apenas lisonjeá-las com observações generalizadas. Quando surge um conflito (como acontece em qualquer negócio), tento manter a calma, conciliar pessoas com opiniões opostas, rebater a raiva com palavras moderadas e manter uma postura de aprendiz e não de alguém que se acha dono da verdade. Quase nunca aponto os erros dos outros. Tento fazer com que todos se sintam uma parte valiosa da equipe. São sempre tentativas porque, como qualquer ser humano, permanentemente corro o risco de errar. Mas a intenção de manter um comportamento de *agape* está sempre presente.

Uma das minhas empresas é de propriedade dos três sócios que a fundaram e de um grupo que comprou parte dela durante nosso primeiro ano de operação. As negociações para a criação do contrato de aquisição foram extremamente difíceis. Em determinada altura do processo, recebemos um e-mail que expressava a frustração, a decepção e a afronta que eles estavam sentindo. Ficamos chocados com aquele comportamento inesperado, mas, em vez de seguir a natureza e a propensão de um "leão" – atacar quando acuado –, rezei. Pedi sabedoria para acalmar a situação e mostrar àqueles homens como eu me sentia grato por sua parceria. Em vez de responder com um e-mail venenoso, escrevi uma resposta detalhada que começava com a expressão da minha gratidão. Ao longo da mensagem, manifestei a mais alta estima a eles, a seus motivos e a suas palavras. Depois, liguei para o fundador do grupo e expressei meu apreço e minha disposição para fazer o que eles achassem justo e certo. Finalmente, todas as questões foram resolvidas com justiça e generosidade dos dois lados.

Jim Shaughnessy, um dos meus sócios na American Telecast, expressa *agape* a todas as pessoas com quem trabalha, todos os dias. Ele se interessa por seus familiares, suas paixões, alegrias e tristezas. Dessa forma conquistou centenas de grandes amigos. O afeto e o respeito que ele manifesta pelos outros os leva a se empenharem para criar produtos com a mais alta qualidade e os menores preços, em retribuição ao que recebem de Jim.

Empregar as qualidades do *agape* formulado por Paulo no local de trabalho significa ser mais paciente e gentil. Significa não agir de maneira arrogante ou vaidosa. Significa não ser grosseiro, interesseiro ou irascível. Significa não ficar contabilizando as ações erradas dos outros. Significa ser íntegro e cuidadoso para evitar comportamentos equivocados.

Como podemos *adquirir* esse tipo transformador de amor?

Infelizmente, essa não é uma tarefa fácil. Na verdade, só há duas maneiras de tentar colocar esse amor em prática. Uma é estudando suas qualidades, revisando os atributos do *agape* todos os dias e tentando aplicá-los da melhor maneira possível. Igualmente importante é orientar-se pelas instruções de Jesus sobre o *agape* divino e seguir seu exemplo. O problema é que esse tipo de amor contraria a natureza humana, que é extremamente egocêntrica e interesseira. Por isso, sua aplicação consistente é uma empreitada válida mas bastante difícil, se não impossível. Essa é a má notícia. A boa notícia é que, por meio dos ensinamentos de Jesus e de um relacionamento com ele, o *agape* pode se tornar parte da nossa personalidade e da nossa natureza.

Como Jesus descreveu, prescreveu e exemplificou o *agape*

No Sermão da Montanha, Jesus ensinou aos discípulos a respeito do *agape* e disse como eles deveriam aplicá-lo às situações que encontrariam. Tratava-se de um conjunto específico de instruções para aqueles que ele estava orientando a fim de que levassem sua mensagem e o representassem pelo mundo afora de maneira eficaz. Eis os princípios dominantes que Jesus revelou:

- Amem os seus inimigos.
- Façam o bem aos que os odeiam.
- Abençoem os que os amaldiçoam.
- Orem por aqueles que os maltratam.
- Se alguém lhe bater numa face, ofereça-lhe também a outra.
- Se alguém lhe tirar a capa, não o impeça de tirar-lhe a túnica.
- Dê a todo aquele que lhe pedir.
- Se alguém tirar o que pertence a você, não lhe exija que o devolva.
- Como vocês querem que os outros lhes façam, façam também vocês a eles.
- Que mérito vocês terão se amarem aos que os amam? Até os pecadores amam aos que os amam.

- E que mérito terão se fizerem o bem àqueles que são bons para com você? Até os pecadores agem assim.
- E que mérito terão se emprestarem a pessoas de quem esperam devolução? Até os pecadores emprestam a pecadores esperando receber devolução integral.
- Amem, porém, os seus inimigos, façam-lhes o bem e emprestem a eles sem esperar receber nada de volta.

(Lucas 6:27-35)

Note que tudo o que Jesus relaciona ao *agape* envolve ações concretas. Esse amor não tem absolutamente nada a ver com emoções ou sentimentos, e sim com fazer e dar. Por isso é tão poderoso, porque gera ações específicas e benéficas para os outros, mesmo quando eles nada fazem para merecê-las.

Até o fim do seu tempo na Terra, Jesus nos forneceu exemplos de como esse amor se manifestou em todos os eventos da sua vida, desde o seu ministério até a sua prisão e execução. Nos seus últimos minutos, ele pediu ao Pai que perdoasse aqueles que estavam prestes a executá-lo. Perdoou um ladrão e assassino que estava pregado na cruz ao seu lado e o tranquilizou dizendo que estariam juntos no paraíso naquele mesmo dia.

Entre as instruções finais que Jesus deu aos discípulos na noite de sua prisão, encontramos as seguintes palavras: "O meu mandamento é este: amem-se uns aos outros como eu os amei. Ninguém tem maior amor do que aquele que dá a sua vida pelos seus amigos" (João 15:12-13).

Esse amor poderoso e duradouro pode mudar qualquer vida por ele tocada. É o tipo de amor que quero expressar diariamente na minha própria vida, para minha mulher e para cada um de meus filhos, no meu trabalho e para o mundo. Daí a alegria e o poder libertador desse amor incrível.

A COMPREENSÃO TRANSFORMA MENTES, A AÇÃO TRANSFORMA VIDAS

Vivendo e expressando um novo tipo de amor

1. Faça uma lista *breve* das pessoas que você realmente gostaria de amar com um amor mais perfeito.
2. Usando a relação abaixo, pense em como você se comportou com cada uma dessas pessoas na semana passada e veja se seu amor demonstrou a seguinte lista de atributos do *agape*:
   a. É paciente
   b. É bondoso
   c. Não inveja
   d. Não se vangloria
   e. Não é orgulhoso
   f. Não maltrata
   g. Não é interesseiro
   h. Não é irascível
   i. Não mantém um registro de erros
   j. Não faz mau juízo
   k. Não se alegra com injustiças
   l. Alegra-se com a verdade
   m. Pode enfrentar qualquer coisa
   n. Sempre confia
   o. Sempre tem esperança
   p. Sempre persevera
   q. Nunca perece
3. Durante a última semana, como você poderia ter expressado ou demonstrado os atributos do *agape* em um relacionamento em casa ou no trabalho?

CAPÍTULO 13

Seu incrível valor

"Observem as aves do céu: não semeiam nem colhem nem armazenam em celeiros; contudo, o Pai celestial as alimenta. Não têm vocês muito mais valor do que elas?" – Jesus (Mateus 6:26)

Em 1987, eu estava filmando o seminário de Gary Smalley, que intitulamos "Chaves ocultas para relacionamentos amorosos". Na primeira sessão, Gary disse algo que ficou na minha cabeça desde então. Ele falou sobre as diferenças entre homens e mulheres e de como os casais precisam valorizar essas diferenças em vez de criticá-las. Explicou que isso era importante para se construir um casamento satisfatório e amoroso capaz de durar a vida toda, algo que faltava a muitas uniões, impedindo-as de proporcionar uma realização duradoura ou levando-as ao fracasso. Ele afirmou que esse era o mesmo motivo pelo qual a maioria dos relacionamentos pessoais e profissionais acaba fracassando. A característica mais importante para termos um ótimo relacionamento com outra pessoa é a *honra*. Smalley disse que, se quisermos amar os outros, precisamos *optar* por honrá-los de maneiras que sejam significativas para eles. E, o que é mais importante, o fato de honrar alguém não deve depender do merecimento do outro, mas apenas da nossa *escolha* de honrá-lo. Em outras palavras, honrar alguém é uma *escolha* que fazemos.

Para ilustrar esse argumento, ele pegou um velho violino absolutamente deteriorado e mostrou-o à plateia.

– Quanto vocês acham que vale este violino velho?

Todos riram, expressando seu desprezo pelo instrumento.

Gary então disse:

– Este violino foi emprestado a mim por um antiquário e mal consigo acreditar que o estou segurando. Deixem-me ler a inscrição na parte interna. – Olhando para dentro do instrumento, leu: – 1723, Antonius Stradivarius.

A plateia instantaneamente suspirou.

– Ouçam a si mesmos – disse Gary. – A reação de vocês foi de perplexidade. À primeira vista, quando peguei o instrumento, vocês riram. Mas, quando li a inscrição, vocês fizeram uma expressão de espanto. O que mudou? É o mesmo pedaço de madeira que era antes de eu ter lido a inscrição. O violino não mudou, continua quebrado e deteriorado. *Vocês* mudaram. Mudaram a opinião a respeito desse velho violino. *Decidiram* honrá-lo. A partir de agora, quero que vocês vejam seu cônjuge como um "Stradivarius". Simplesmente escrevam esse nome na testa do seu marido ou da sua mulher.

Todos riram, mas Gary os impactou com seu argumento. Precisamos honrar as pessoas à nossa volta – nosso cônjuge, nossos amigos, nossos clientes e colegas – porque o valor que lhes atribuímos muitas vezes é guiado por *nossa* percepção e não pelo valor intrínseco deles. Quando consideramos que nosso cônjuge, colega ou amigo tem o mesmo valor que um Stradivarius, ele se torna mais valioso aos nossos olhos.

Nas próximas páginas, *eu* quero honrar você, leitor! Quero mostrar que você é muito valioso. E quero revelar como você pode começar a honrar seus entes queridos e as pessoas que cruzam seu caminho em qualquer circunstância.

O que *realmente* nos torna valiosos?

Por volta da sétima série, comecei a me considerar um garoto feio, mirrado e magricela, com aparelho nos dentes e o rosto coberto de acne. Eu ficava tão envergonhado com a minha magreza que nunca nadava em uma piscina mista. Quando me formei no ensino médio, eu media 1,80m, pesava 54kg e ainda tinha problemas de acne. Durante meus primeiros três anos na faculdade, todas as garotas com quem eu "saía" terminavam o namoro comigo depois de poucos meses. Elas gostavam de me ter como confidente e amigo, mas não pareciam se sentir romanticamente atraídas por mim. Depois de casado, continuei a me sentir feio e indesejável.

As coisas não andavam muito melhores nos negócios. Como você sabe, nos primeiros cinco anos após ter me formado, tive oito empregos e minha renda era menos da metade do salário médio americano. Minha autoestima estava no chão, tanto na vida pessoal quanto na profissional. Mas, surpreendentemente, eu me sentia feliz e satisfeito a maior parte do tempo. A partir da noite em que conheci aquele carpinteiro sem-teto, logo depois de completar 16 anos, eu *sabia* que era amado por Deus. Então, nem minha feiura nem meus fracassos profissionais conseguiam apagar o sentimento do meu próprio valor. Na verdade, quanto mais difíceis ficavam as coisas, mais íntimo se tornava meu relacionamento com Deus.

O que destrói *sua* autoestima? Sua aparência? A falta de sucesso no trabalho? Aquilo que os outros pensam ou dizem a seu respeito? A falta de renda, a idade, as condições do seu carro ou o tamanho da sua moradia? A verdade é que quase todos se sentem desvalorizados em algum momento. Os ricos podem se convencer de que o sucesso e a riqueza os tornam mais valiosos. Só percebem a fraqueza desse alicerce quando a saúde está decaindo, quando perdem seus bens ou quando os relacionamentos se dissolvem. Jesus disse: "Pois que adianta ao homem ganhar o mundo inteiro e perder-se ou destruir a si mesmo?" (Lucas 9:25). O fato é que o valor *real* não deriva da riqueza, da beleza, de um carro novo, de uma casa grande, da popularidade ou de um título profissional. Tudo pode ser tirado ou perdido em um instante. Se é isso que lhe dá uma sensação de valor próprio, sua autoestima desaparecerá quando esses atributos desaparecerem. O verdadeiro valor se baseia no que *não* pode ser perdido ou tirado.

Valor transformador que provém de uma fonte inesperada

Depois de três meses de trabalho árduo, finalmente a data tão esperada tinha chegado. Era um dia de verão de 1976. Bob Marsh, meu mentor e sócio, estava apostando sua empresa e as carreiras de todos os funcionários em uma única jogada: o desempenho no teste de mercado do meu primeiro comercial para o nosso primeiro produto. Como mencionei anteriormente, eu tinha produzido um comercial de dois minutos, estrelado por Pat e Debby Boone, apresentando nosso novo produto para acne. Um teste tinha sido programado para ser veiculado em uma emissora de televisão de Detroit, às 16h58. Se uma quantidade suficiente de pessoas ligasse para o número gratuito pedindo o produto, teríamos sucesso e poderíamos obter financiamento para lançar uma campanha televisiva nacional. Se *não* conseguíssemos que um determinado número de pessoas telefonasse, a empresa perderia, e muito! Todos nós perderíamos o emprego. Bob perderia a empresa e, possivelmente, sua casa.

Por volta das 16h, Bob bateu à porta e entrou no meu escritório. Aproximou-se de mim e pôs a mão no meu ombro.

– Só quero que você saiba que, se o comercial for um fracasso e eu tiver de demitir todo mundo, você e eu continuaremos juntos – disse ele. – Enquanto eu tiver 1 dólar no meu bolso, você poderá ter 50 centavos.

Depois sorriu, me deu um abraço e nossos olhos se encheram de lágrimas. Com aquelas palavras, ele tinha me valorizado de uma forma que eu jamais sentira. Na verdade, ao dizer aquilo, ele mudou minha vida para sempre! Pouco mais de uma hora depois, recebemos um relatório do serviço de atendimento telefônico que estava recebendo os pedidos. Um sucesso! No entanto, por mais emocionante que aquele primeiro triunfo tenha sido, foram os comentários de Bob que realmente mudaram minha sensação de valor próprio e o curso da minha vida profissional.

Mais tarde, eu me perguntei por que os comentários de Bob foram tão importantes quando eu tinha 27 anos. Percebi que foi porque (1) provinham de um homem que eu estimava muito, (2) eram expressões da mais elevada forma de afeto e amor, (3) refletiam um compromisso profundo e duradouro em relação a mim, que eu sabia que não mudaria com as circunstâncias, (4) foram expressos de forma calorosa e sincera e (5) vieram de alguém que tinha integridade e *poder* para *cumprir* a promessa que fizera.

É por isso que as promessas e os compromissos de Jesus foram – e continuam a ser – tão poderosos. Mas, primeiro, temos de saber *o que* ele disse para poder aproveitar.

O supersônico Concorde foi construído para transportar pessoas de Nova York a Paris em apenas três horas. Por mais poderoso e rápido que fosse, porém, o Concorde *não podia* levá-lo com essa rapidez se você não embarcasse. Para que o Concorde realizasse aquele feito, você precisava estar dentro dele para receber o benefício. O mesmo vale para a sabedoria de Jesus. A única maneira de receber os benefícios de suas mensagens e da sabedoria de sua vida é ouvir suas palavras e agir de acordo com elas. Mais de 1.900 declarações de Jesus estão registradas no Novo Testamento. Lendo-as e seguindo sua orientação, você obterá uma consciência do seu próprio valor que jamais poderá ser destruída por qualquer pessoa ou circunstância.

O verdadeiro valor não pode ser perdido nem tirado

No ano passado, Bob Marsh faleceu. Seu legado de amor, compromisso, parceria e orientação ficará com seus filhos e seus amigos para o resto de suas vidas. Por mais maravilhoso que isso seja, fui abastecido no meu valor próprio por uma fonte ainda maior, uma fonte que nunca será perdida, tirada nem diminuída. Trata-se do valor que nasce da consciência de que Deus me conhece intimamente e me ama mais do que qualquer outro ser humano me amou ou amará.

Jesus disse: "Observem as aves do céu: não semeiam nem colhem nem armazenam em celeiros; contudo, o Pai celestial as alimenta. Não têm vocês muito mais valor do que elas?" E prosseguiu: "Não se vendem dois pardais por uma moedinha? No entanto, nenhum deles cai no chão sem o consentimento do Pai de vocês. Até os cabelos da cabeça de vocês estão todos contados. Portanto, não tenham medo; vocês valem mais do que muitos pardais!" (Mateus 6:26-27; Mateus 10:29-31). Essas são apenas duas das muitas declarações que Jesus fez a respeito do valor que Deus atribui a cada ser humano e do amor incondicional que Deus e Jesus reservam para cada um de nós, um amor que nunca será perdido ou tirado. Se Jesus vê tanto valor em cada pessoa, como é possível que não vejamos o mesmo valor em nós mesmos e nos outros? Pense em como nosso mundo seria melhor se, como Jesus, déssemos valor a nós mesmos e àqueles com os quais trabalhamos e interagimos.

Como VOCÊ pode criar valor nos outros

A pergunta é: "O que *você* pode *fazer* para criar valor nos outros?" Há coisas que não criam autoestima, como, por exemplo, elogiar alguém que nada fez para merecer o elogio. No meu tempo de adolescente, tanto os esportistas quanto os alunos das escolas eram valorizados e premiados em função de seu desempenho. Observo que hoje todos os integrantes de todas as equipes esportivas infantis ganham o mesmo troféu e muitos dos filhos de amigos recebem presentes apenas por passarem de ano.

Embora eu ache que não se deve de forma alguma zombar das crianças por causa de um desempenho ruim, também acho que não devemos elogiá-las ou premiá-las quando ficam abaixo de sua capacidade de realização. Sou a favor de festas no fim da temporada para comemorar o trabalho árduo e os esforços do time, a despeito dos resultados. Sou a favor de sorvetes depois de uma partida e de elogios para as crianças que se esforçaram. Mas uma coisa é a apreciação honesta; outra, a adulação. Não formamos genuinamente a autoestima de uma criança dizendo que ela é boa em algo em que não é. Assim nós a estamos preparando para uma grande queda mais adiante, quando o mundo lhe disser o contrário. Rimos de cantores terríveis que se apresentam para testes em programas de calouros. O que me espanta é ver como alguns desses calouros ficam chocados e chateados diante da verdade da avaliação. Provavelmente, durante a vida toda, os pais e os mais próximos os cobriram de elogios, deixando-os despreparados para uma crítica verdadeira vinda do júri e da plateia. Elogios excessivos e inapropriados são incapazes de criar uma autoestima verdadeira.

Mas *existe* uma maneira de desenvolver a autoestima dos nossos filhos, cônjuges, colegas de trabalho e até mesmo de estranhos que cruzam nosso caminho. Jesus fez isso com seus seguidores. Eis o que ele disse aos discípulos: "Eu lhes dei o exemplo, para que vocês façam como lhes fiz. Digo-lhes verdadeiramente que nenhum escravo é maior do que o seu senhor, como também nenhum mensageiro é maior do que aquele que o enviou. Agora que vocês sabem essas coisas, felizes serão se as praticarem" (João 13:15-17). Jesus nos diz que podemos valorizar a vida das outras pessoas simplesmente seguindo o exemplo dele e amando uns aos outros com palavras e gestos, exatamente como ele nos amou.

Como podemos desenvolver autoestima nos outros?

1. ***Ouça de maneira proativa.*** Hoje, mais do que nunca, falamos muito e ouvimos pouco. Jesus, por outro lado, ouvia com atenção *antes* de falar. Uma das maiores necessidades de qualquer ser humano é ser ouvido. A maioria das pessoas fala primeiro antes de ouvir. E, ao ouvir, não presta atenção. Quando ouvimos com interesse genuíno, honramos o outro e elevamos sua autoestima. O que é ouvir com interesse genuíno? Primeiro, preste atenção enquanto o outro fala. CONCENTRE-SE no que ele está dizendo e não no que *você* vai responder. Não o apresse, não o interrompa nem mude de assunto após ele ter terminado de falar. Ao mudar imediatamente de assunto, você está transmitindo que o que foi dito não lhe interessou nem um pouco. Depois que a outra pessoa terminar de falar, reaja mostrando que entendeu o que foi dito antes de mudar o rumo da conversa. O segundo passo é usar a técnica de comunicação *drive-thru* de que falei no Capítulo 6, repetindo com suas palavras o que a outra pessoa lhe disse para mostrar que você está realmente tentando entender seus comentários. Ao ouvir, *não* tente resolver os problemas do outro – simplesmente ouça e deixe claro que compreende o que ele diz.
2. ***Entenda a mentalidade e os valores dos outros e* valorize *as opiniões deles*.** Uma das coisas que mais *desvaloriza* ou enfraquece uma pessoa é menosprezar suas opiniões. Temos a forte tendência de interpretar as palavras e opiniões alheias a partir dos nossos próprios valores, sem procurar entender a mentalidade e a história de vida de quem fala. Às vezes, desvalorizamos as opiniões dos outros sem dizer qualquer palavra – simplesmente olhando para cima, balançando a cabeça, adotando um ar irônico ou suspirando em sinal de

desaprovação. Por outro lado, quando tentamos entender a perspectiva do outro e ouvir com interesse suas opiniões, estamos lhe dizendo que ele tem valor. Mesmo quando a outra pessoa disser algo errado, *não* a interrompa para corrigi-la. Faça perguntas que possam ajudá-la a perceber o erro. *Depois*, volte a falar mostrando que você refletiu sobre o que foi dito. Pergunte então: "Já pensou na questão dessa outra maneira?" Como Salomão disse: "A língua dos sábios torna atraente o conhecimento" (Provérbios 15:2).

3. ***Use as palavras com sabedoria***. As palavras que usamos têm um poder incrível. Elas são capazes de valorizar imensamente os outros ou arrasá-los. Jesus nos disse para amarmos o próximo como a nós mesmos. Quando for dizer algo para menosprezar alguém, pense se gostaria de ouvir essas palavras. Jesus nos disse para usarmos o dom da comunicação para edificar o outro e não para destruí-lo. O apóstolo Paulo recomendou: "Nenhuma palavra torpe saia da boca de vocês, mas apenas a que for útil para edificar os outros, conforme a necessidade, para que conceda graça aos que a ouvem" (Efésios 4:29). O que você deve fazer quando a outra pessoa estiver errada? Procure corrigi-la mais tarde – com paciência e gentileza. Mas nunca ataque ou menospreze a pessoa. Limite-se a corrigir quaisquer fatos errados ou qualquer comportamento que tenha parecido inadequado, mas conceda sempre o benefício da dúvida. Considere que você pode ter se enganado.
4. ***Substitua a adulação por elogios sinceros***. Não há nada de errado em usar um pouco de adulação para alegrar o outro. Mas, quando a adulação é excessiva, as pessoas percebem rapidamente. Os elogios sinceros, porém, têm o poder de causar um impacto duradouro no amor-próprio da outra pessoa. Qual é a diferença entre adulação e elogio? A adu-

lação se concentra em algo que não é verdadeiro ou sobre o que a outra pessoa tem pouco ou nenhum controle. O elogio se concentra no esforço ou na contribuição daquela pessoa para algo que aconteceu. Por exemplo, ao elogiar o desempenho ou a roupa de alguém, você está valorizando o resultado de um esforço da pessoa. Ao elogiar, cite aspectos específicos para que o cumprimento seja lembrado e aceito. A adulação pode causar um sorriso momentâneo, mas o elogio ajuda a aumentar permanentemente a autoestima alheia.

5. ***Diga a verdade com gentileza***. Mesmo quando é potencialmente dolorosa, a verdade pode ser dita de maneira a respeitar e valorizar o outro em vez de destruí-lo. Há mil formas de magoar com sua crítica, mas só existe uma de criticar e valorizar ao mesmo tempo. Talvez você deva usar o "método sanduíche" de Gary Smalley, que já descrevi. Primeiro, mencione alguma coisa digna de elogio que a pessoa está fazendo ou já fez (a primeira fatia de pão). Depois, faça uma transição suave para a crítica. É sempre útil usar perguntas ou imagens verbais para ajudar seu interlocutor a ouvir ou a receber melhor a crítica. Também é bom incluir o exemplo de um fracasso semelhante que tenha acontecido na sua vida, porque assim o outro pode ver que você *não* o está criticando a partir de um ponto de vista presunçoso e arrogante. Por fim, termine com a segunda fatia de pão, ou seja, um outro elogio específico. Lembre-se: não exagere nem menospreze o comportamento que você está criticando. Use um tom de voz suave e palavras que não sejam ríspidas ou incisivas. Quando critico alguém, meu objetivo é ajudar aquela pessoa a entender com clareza o problema, ver uma solução para ele, selecionar uma ação corretiva e sentir-se motivado a aplicá-la. Quero que o outro se sinta melhor, e não pior, a respeito de si mesmo. Lembre-se do

encontro de Jesus com a mulher flagrada em um ato de adultério. Ele corrigiu seu comportamento sem condená-la. O mesmo aconteceu em seu encontro com a samaritana no poço. Assim, mudou a vida das duas para sempre.

6. ***Ame de maneira proativa***. Por último, precisamos amar os outros – colegas, clientes, familiares e amigos – como Jesus nos ama. Não apenas emocionalmente, mas com "ações concretas". Precisamos nos importar com quem nos cerca e expressar esse interesse e esse carinho por meio de nossas ações. Nada aumenta a autoestima das pessoas mais rapidamente do que uma expressão de amor, seja ela um sorriso, uma conversa útil ou a satisfação de uma necessidade premente. E ninguém na história humana expressou melhor esse amor por cada um de nós do que Jesus. Sem dúvida, não há exemplo maior a ser seguido.

Vivemos em um mundo cínico e negativo. Zig Ziglar diz que nossos filhos ouvem 17 *nãos* para cada *sim*. A situação não é muito melhor entre os adultos. A maioria das pessoas gosta de criticar, mas não de encorajar. A crítica e o menosprezo constantes geram sentimentos muito arraigados de inadequação em várias áreas da vida. Todos nós precisamos de estímulo e de elogios. Sempre que interagimos com os outros, podemos ser fonte de encorajamento e valor ou de preocupações, inquietações e depressão. A escolha é nossa. Vamos optar por dizer *sim* em vez de 17 *nãos*. No final de sua vida terrena, Jesus disse que havia uma nova ordem a ser seguida por seus discípulos: eles deveriam amar uns aos outros da mesma maneira como tinham sido amados por ele. Jesus nos disse para amarmos o próximo como a nós mesmos. Nossa vida poderia ser muito mais plena e recompensadora se prestássemos mais atenção às suas palavras e desejássemos colocá-las em prática!

A COMPREENSÃO TRANSFORMA MENTES, A AÇÃO TRANSFORMA VIDAS

Criando valor nos outros

1. Pense em uma situação recente na qual você diminuiu a autoestima de outra pessoa.
2. Usando a relação abaixo como guia, como você poderia ter *aumentado* a autoestima daquela pessoa?
   a. Ouvindo de maneira interessada
   b. Entendendo a mentalidade e os valores dela e *valorizando* suas opiniões
   c. Usando as palavras com sabedoria
   d. Substituindo a adulação por elogios sinceros
   e. Dizendo a verdade com gentileza
   f. Demonstrando amor por meio de atos concretos
3. Faça uma lista das pessoas em cujo valor você gostaria de investir na próxima semana.
4. Usando a lista do item acima, anote algumas ideias sobre coisas que você pode fazer esta semana para investir na autoestima das pessoas.
5. À medida que a semana for avançando, revise constantemente a lista para ver se você está sendo bem-sucedido em seu esforço para valorizar os outros.

CAPÍTULO 14

Uma mudança em nosso coração: *por que* fazemos o que fazemos

"O homem bom tira boas coisas do bom tesouro que está em seu coração, e o homem mau tira coisas más do mal que está em seu coração, porque a sua boca fala do que está cheio o coração."

– Jesus (Lucas 6:45)

Depois de dizer alguma coisa que magoou alguém, você pensa "Onde é que eu estava com a cabeça?", ou "Por que eu disse aquilo?". Quantas vezes saíram de sua boca palavras que você instantaneamente desejou poder engolir de volta?

Você já se perguntou por que condenamos tão depressa os outros por seus erros, mas somos tão tolerantes, ou até mesmo cegos, em relação às nossas próprias falhas?

Já se perguntou como você – ou outra pessoa – pôde estar tão apaixonado em um dia e tão desapaixonado no dia seguinte?

Todas essas questões dizem respeito ao coração. Na maioria das vezes, dizemos e fazemos o que estamos sentindo. Quando Jesus se refere ao "coração", ele está falando do cerne do nosso ser emocional – de quem somos em essência. E Jesus nos ensina que, por mais que tentemos mudar o que dizemos ou o modo como nos comportamos, essas mudanças em geral duram pouco. Nosso comportamento, seja ele negativo ou positivo, flui diretamente do nosso íntimo. A única maneira de operar uma mudança significativa, duradoura e positiva é realizando uma mudança em nosso coração – mudando nosso interior.

Jesus disse: "O homem bom tira coisas boas do bom tesouro que está em seu coração, e o homem mau tira coisas más do mal que está em seu coração, porque a sua boca fala do que está cheio o coração" (Lucas 6:45).

Quantas vezes você foi pego de surpresa pelas palavras ou pelo comportamento de outra pessoa? Já se perguntou por que alguém faz algo terrível – mente, rouba, trapaceia ou prejudica – e nem parece se importar? Todo dia lemos ou escutamos histórias trágicas nos noticiários a respeito de homens e mulheres que cometem crimes terríveis.

Como essas coisas podem acontecer? As pessoas não são basicamente boas? Segundo Jesus, não! Na verdade, um dos grandes erros que cometemos é imaginar que todos são bons. Jesus disse que o oposto é verdadeiro. Todos somos egocêntricos, de uma maneira ou de outra. E quanto mais egocêntricos somos, menos importantes os outros se tornam para nós. E quanto menos importantes os outros se tornam, mais fácil é desculpar nossos próprios erros.

Superando o egocentrismo

Você preferiria ser amado ou odiado? Preferiria ser apreciado pelos outros ou considerado sem valor? Preferiria que seu cônjuge, seus filhos, colegas de trabalho e amigos fossem gratos por tudo o que você é para eles ou que se perguntassem por que devem aturá-lo?

É claro que preferimos as primeiras opções. A verdade é que, quanto mais egocêntricos nos tornarmos, menos estimados, amados, apreciados e tolerados seremos. Quando somos estimados, amados e apreciados, nos sentimos mais felizes e realizados. O egocentrismo – a concentração em si mesmo – é como um câncer. Se não for tratado ou contido, continuará a crescer até nos afastar das pessoas à nossa volta.

Adoro sair para trabalhar. No entanto, por mais agradável que seja o sucesso no trabalho, o que mais gosto é das amizades sólidas e duradouras que estabeleci com meus parceiros. E voltar para casa é uma alegria sem tamanho, pois cinco das pessoas que mais amo na Terra estão lá me esperando. Por mais bem-sucedidos que sejamos no trabalho ou por mais luxuosa que seja a nossa casa, se tivermos uma vida egocêntrica, se não construirmos relacionamentos válidos em nossa vida, reduziremos significativamente nossas chances de felicidade e realização.

Mudando a propensão natural do nosso coração

Você consegue admitir que é um *pouco* egoísta? Todos os dias eu me pego tendo comportamentos egoístas, mesmo quando luto para que isso não aconteça. Em quase todas as situações, penso logo em como *eu* serei afetado.

Os britânicos têm um jogo chamado *bowls*. Duas equipes rolam uma bola gigante em um campo, tentando colocá-la no gol do adversário e impedir que a bola entre em seu próprio gol. Parece muito simples, mas existe uma dificuldade. Dentro da bola há um peso de chumbo que impede que ela se desloque em linha reta. A bola parece ter vontade própria e acaba se desviando para a direita ou para a esquerda. Aquele peso é chamado de pendor ou propensão.

Como a bola gigante, nós também temos uma propensão. Ela está bem no âmago do nosso ser: trata-se do nosso egocentrismo. Quando deixado por conta própria, o coração naturalmente coloca nossos interesses em primeiro lugar e relega os interesses alheios ao segundo plano. Nós nos iludimos achando que, assim, agimos de acordo com nosso interesse. Mas, na maioria das vezes, isso não é verdade. As melhores coisas na vida raramente dizem respeito a *mim* – quase sempre dizem respeito a *nós*. Então, ao me colocar em primeiro lugar, posso conseguir o que *quero* a curto prazo, mas não terei aquilo de que realmente *preciso* e isso pode minar minha capacidade de obter a longo prazo o que de fato desejo. Essa propensão para o eu está sempre presente e, na maior parte das vezes, nos empurra na direção errada.

O que fazer para superar essa propensão? Obviamente, não podemos removê-la cirurgicamente do coração. Na verdade, ela só pode ser enfrentada quando multiplicamos escolhas que nos levem na melhor direção.

Isso, porém, requer perspicácia e sabedoria. Exige que saibamos a diferença entre a boa, a má e a melhor decisão que podemos tomar em cada situação. E, muitas vezes, exige um ponto de referência fora de nós mesmos. Para mim, esses pontos de referência se encontram, na maioria dos casos, nos ensinamentos de Jesus. Suas palavras são meu "GPS", apontando onde estou, para onde quero ir e como chegar lá.

Outro dia, eu estava procurando uma vaga em um estacionamento lotado. Depois de dar várias voltas, finalmente encontrei. Antes que eu manobrasse, uma mulher parou o carro na minha frente, bloqueando o espaço para entrar de ré na vaga. Fiquei indignado com sua audácia. Minha inclinação natural seria discutir com ela. Embora estivesse bloqueando a vaga, ela não conseguiria manobrar se eu não saísse do lugar. Na minha cabeça, eu tinha *direito* àquela vaga e estava inclinado a bater pé e não desistir. Mas uma das frases de Jesus no Sermão da Montanha me veio à mente: "Dê a todo aquele que lhe pedir, e se alguém tirar o que pertence a você, não lhe exija que o devolva" (Lucas 6:30). A luz continuou a brilhar e pensei: "Que bobagem discutir por causa de uma vaga." Então, cedi a vaga à moça, mas obtive uma bênção. No final, encontrei uma vaga do outro lado do estacionamento, o que me obrigou a andar um pouco mais. Não só tive o benefício do exercício extra, como me senti muito bem.

A diferença entre mente e coração

Nossa mente é como um computador. Recebe uma informação, processa-a e armazena-a para usá-la posteriormente. Também nos proporciona a capacidade de analisar a informação para que possamos empregá-la com eficácia. Transforma uma informação em imagens visuais capazes de influenciar significativamente nosso processo de tomada de decisões.

Mas a mente é, sobretudo, a *porta de entrada* do coração (no sentido figurado), que é a fonte das emoções, o âmago do nosso ser. É no coração que adotamos ou rejeitamos valores morais e éticos. E os valores que adotamos acabam se tornando a nossa verdadeira essência.

Embora possa orientar uma modificação temporária no nosso comportamento, a mente não tem poder para efetuar mudanças consistentes, de longo prazo. Para esse tipo de transformação, precisamos de uma mudança que implique uma *troca* de valores. Precisamos literalmente de uma mudança no coração.

Por mais sincero que seja o desejo de mudar de comportamento, uma pessoa progredirá pouco se o coração não tiver sofrido uma mudança. Um de meus amigos tem travado uma batalha infinita com seu temperamento. Ele é um homem maravilhoso em muitos aspectos, um executivo de sucesso com habilidades extraordinárias. No entanto as pessoas têm pavor de fazer negócio com ele por causa de seu temperamento explosivo. Seus chefes dizem constantemente para ele se controlar se não quiser sofrer as consequências. E ele *quer* mesmo se controlar. O problema é que não consegue. Por quê? Porque há muita raiva em seu coração. Enquanto não se livrar dos motivos da sua raiva, ele não conseguirá controlar de forma consistente o próprio temperamento. Como a maioria das pessoas irascíveis, meu amigo culpa o comportamento dos outros pela própria raiva. Enquanto fizer isso, não será capaz de mudar.

Mudando nosso coração

Para criar uma mudança duradoura dentro de nós, precisamos primeiro reconhecer nossa propensão inata ao egocentrismo e à autogratificação.

Em segundo lugar, precisamos filtrar e afastar as influências destrutivas que aceitamos absorver em nossa vida. Como uma tintura que muda a cor de cada fio de uma peça de tecido, as influências negativas podem penetrar no tecido do nosso coração e mudar permanentemente sua configuração.

Ao falar da nossa propensão para o egocentrismo, um profeta disse: "Será que o etíope pode mudar a sua pele? Ou o leopardo as suas pintas? Assim também vocês são incapazes de fazer o bem, vocês que estão acostumados a praticar o mal" (Jeremias 13:23). Jesus, no entanto, ensinou que a fé torna tudo possível, até mesmo uma mudança em nosso coração. Ele disse: "Se tiverem fé do tamanho de um grão de mostarda, poderão dizer a este monte: vá daqui para lá, e ele irá. Nada lhes será impossível" (Mateus 17:20). Jesus não está falando de uma fé religiosa. A fé a que ele se refere é uma crença tão forte nas suas palavras e no seu exemplo a ponto de a colocarmos em prática. Se acreditarmos e fizermos o que Jesus diz, ele poderá realizar mudanças surpreendentes em nosso coração. Nossa propensão ao pensamento egocêntrico diminuirá, exercerá menor influência em nosso comportamento e os frutos do *agape* começarão a se fazer sentir.

E assim chegamos ao segundo desafio para mudar nosso coração: as influências externas que tingem nossos pensamentos e moldam nossa mente. Hoje, somos atacados por mais imagens e informações negativas do que em qualquer outro período da história. Com a televisão, o cinema, o rádio e a internet, estamos constantemente expostos a imagens de todo tipo.

O rei Salomão escreveu nos Provérbios que precisamos "guardar nosso coração" de influências externas negativas. (Provérbios 4:23). Nós nos tornamos aquilo em que pensamos e nos concentramos. A maioria das pessoas não leva a advertência de Salomão suficientemente a sério. Nem sempre prestamos atenção nas informações que absorvemos, nas pessoas com quem nos relacionamos ou nas experiências que buscamos. Por exemplo, assistimos a filmes repletos de imagens e mensagens contrárias aos nossos valores que, depois que penetram em nossa mente, não são facilmente apagadas. Ignoramos ou fazemos pouco caso do poder dessas imagens, dizendo a nós mesmos que aquilo é apenas entretenimento. Nós nos submetemos a todo tipo de experiência ou de convívio com determinadas pessoas, pensando: "Não é nada de mais, consigo dar conta disso." Mas, na maioria das vezes, *não conseguimos*. Aquelas experiências e aquelas pessoas surtem efeitos sutis em nosso coração e acabam afetando nossos valores e nosso comportamento. Como podemos proteger o coração de tais influências?

Jesus diz que tudo começa nos olhos, pois eles são a porta de entrada da mente: "Os olhos são a candeia do corpo. Se os seus olhos forem bons, todo o seu corpo será cheio de luz. Mas se os seus olhos forem maus, todo o seu corpo será cheio de trevas" (Mateus 6:22-23). Jesus percebeu o imenso poder das imagens negativas e positivas 2 mil anos antes de os cientistas sociais modernos fazerem essas descobertas.

O rei Salomão nos disse para mantermos os olhos voltados "para a frente" e não olharmos para a esquerda nem para a direita (Provérbios 4:25). Em outras palavras, mantenha o foco nas coisas que elevam o espírito e não olhe para as que podem tirá-lo do caminho. O apóstolo Paulo, ao falar sobre essa questão, disse: "Finalmente, irmãos, pensem em tudo o que for verdadeiro, nobre, correto, puro, amável, honroso, virtuoso ou que de qualquer modo mereça louvor" (Filipenses 4:8).

Impedindo os pássaros

Martinho Lutero disse uma vez: "Você não pode impedir que um pássaro pouse na sua cabeça, mas *pode* impedir que ele construa um ninho." Hoje, artigos, imagens e ideias chegam até nós com tanta rapidez, vindos de tantas fontes diferentes, que muitas vezes é impossível filtrar e eliminar o que é negativo. Mas podemos evitar que eles "construam um ninho". Como? Redirecionando rapidamente nossa atenção para um material mais benéfico e positivo em vez de nos determos no prejudicial.

O que fazer a respeito de imagens, pensamentos e ideias que *já* se tornaram parte do tecido do nosso coração?

O rei Davi fez a mesma pergunta: "Como pode o jovem manter pura a sua conduta?" Depois, nos deu a resposta. Disse que buscava o Senhor com todo o coração, e "guardava" a palavra de Deus dentro do coração (Salmos 119:9-11). Para mim, a ferramenta mais poderosa que existe para mudarmos nosso coração continuamente é ler e refletir sobre as palavras e, especialmente, sobre os ensinamentos de Jesus. Descobri que suas lições podem me erguer das profundezas do desespero e me levar aos píncaros da alegria e da satisfação em um instante. Elas são capazes de transformar um coração cheio de ódio em um coração cheio de amor, um coração amargo em um coração grato, um coração ganancioso em um coração generoso. Jesus disse que, se aplicássemos seus ensinamentos, descobriríamos uma verdade tão poderosa que nos libertaria (João 8:31-32). E a liberdade de que Jesus estava falando era a libertação da tendência egocêntrica do nosso coração.

Por fim, para mudarmos nosso coração de forma duradoura, precisamos mudar o que *consideramos um tesouro*. Jesus disse: "Pois onde estiver o seu tesouro, aí também estará o seu coração" (Mateus 6:21). O que *você* considera um tesouro? Se pudesse ter 10 coisas na vida, quais seriam? Mais dinheiro, uma casa mais luxuosa, um carro melhor, um barco maior, um emprego ou uma profissão melhor, um cargo de maior prestígio, um corpo mais atlético ou um rosto mais bonito? Você desejaria mais respeito, um cônjuge amoroso, filhos amigos, mais intimidade física ou gratificação? Faça uma lista! Agora, se você pudesse ter apenas três coisas dessa lista, quais escolheria? O que você *realmente* considera um tesouro? Faça uma lista das coisas que você possui e que mais lamentaria perder. Quais são as coisas pelas quais você estaria disposto a fazer quase tudo a fim de as manter?

Em seguida, crie uma lista das *pessoas* que você considera um tesouro. Finalmente, crie uma lista, excetuando pessoas e objetos, das coisas que você considera mais valiosas, como saúde, liberdade, reputação, emprego ou carreira, trabalho, hobbies favoritos, etc.

Depois de criar essas "listas de tesouros", releia-as. As coisas que você mais preza são as de maior valor para você? Meu argumento é: se você *realmente* quer mudar seu coração, precisa mudar o que mais preza. Se você preza seus fins de semana jogando golfe mais do que o tempo passado com seu cônjuge ou com seus filhos, seu coração refletirá essas prioridades e você e sua família provavelmente pagarão um preço bem alto. É isso que você quer de verdade?

Jesus nos exortou a pensar na lista "definitiva" de tesouros. Em Mateus 6:19-21, ele disse: "Não acumulem para vocês tesouros na terra, onde a traça e a ferrugem destroem, e onde os ladrões arrombam e furtam. Mas acumulem para vocês tesouros no céu, onde a traça e a ferrugem não destroem e onde os ladrões não arrombam nem furtam. Pois onde estiver o seu tesouro, aí também estará o seu coração."

Jesus estava nos dizendo o que "armazenar" e o que considerar um tesouro. Todos nós precisamos de bens materiais para viver. Mas a maioria não precisa de tudo o que compra. As coisas que "armazenamos" muitas vezes têm pouco valor *per-*

manente e podem facilmente nos desviar do que é mais valioso para nós. Tudo aquilo que desvia nosso coração das coisas mais importantes pode ter consequências devastadoras para o nosso relacionamento com a família, os amigos, os colegas e nosso espírito. *Não* considere essas coisas um tesouro, Jesus nos diz, pois elas roubarão seu coração.

Quais são as coisas na sua vida que não podem ser roubadas, desgastadas ou destruídas pelo tempo? Para mim, é meu relacionamento com cada membro da minha família, com os amigos e com as pessoas que cruzam diariamente meu caminho. Meu relacionamento com Deus e a minha capacidade de compartilhar. Seu amor e sabedoria, que me vêm por meio de Suas palavras.

Nas quase seis décadas de vida desde meu encontro com o carpinteiro sem-teto em 1964, posso dizer que as maiores mudanças no meu coração aconteceram como resultado da sabedoria, das palavras e do exemplo de Jesus. Estou convencido de que nenhuma outra força no mundo é capaz de transformar um coração amargo em um coração alegre, um coração magoado em um coração feliz, um coração ganancioso em um coração generoso, um coração temeroso em um coração corajoso, um coração cheio de ódio em um coração cheio de amor. Ele afirmou: "As palavras que eu lhes disse são espírito e vida" (João 6:63). Quando estou sofrendo de alguma maneira, mesmo se estiver nas profundezas da depressão e do desespero, o que mais preciso é de uma infusão do seu espírito e da sua vida.

O coração da questão não é a questão

Quando as coisas nos entristecem, geralmente jogamos a culpa da nossa depressão ou da nossa angústia em circunstâncias externas ou em outras pessoas. Ouvimos observações como: "Se você soubesse em que pé andam as coisas no meu trabalho (ou na minha casa, etc.), entenderia por que estou com tanta raiva."

Mas, como diz Jesus, nossa felicidade não depende de circunstâncias externas ou de outras pessoas. O coração da questão não é a *questão*, é o *coração*.

Corrie Boom, seu pai, sua irmã e seu tio foram condenados e enviados a um campo de concentração por terem ajudado mais de 140 judeus a fugir da Holanda ocupada pelos nazistas. Ela foi a única da família a sair viva de lá. Embora não pudesse de forma alguma mudar as terríveis circunstâncias do passado, essa mulher tornou-se um exemplo de amor e compaixão que inspirou milhões de pessoas. Como? Sua alegria e sua paz espiritual não foram abaladas pelo que acontecera com seus entes queridos. Elas dependiam do seu coração, que se concentrava nas verdades eternas, como o amor a Deus e a todos que cruzavam seu caminho diariamente. Corrie aprendeu a prezar essas coisas que não podem se perder nem ficar desgastadas com o tempo.

Jesus nos disse: "Amem os seus inimigos e orem por aqueles que os perseguem" (Mateus 5:44). Mas, além de falar, Jesus também agiu. Mesmo quando padecia na cruz, intercedeu a favor dos homens que o crucificaram, o escarneceram e cuspiram nele.

Acreditar nas palavras e na sabedoria de Jesus significa optar por confiar nele, aprender com seus ensinamentos e seguir seu exemplo. Se fizermos isso, ele nos promete que descobriremos uma nova fonte de vida, amor e bênçãos, e tudo isso fluirá do nosso coração para as pessoas à nossa volta. Ele disse: "Se alguém tem sede, venha a mim e beba. Quem crer em mim, como diz a Escritura, do seu interior fluirão rios de água viva" (João 7:37-38).

A COMPREENSÃO TRANSFORMA MENTES, A AÇÃO TRANSFORMA VIDAS

Mudando seu coração

1. Escreva sobre pelo menos duas situações na semana passada que demonstraram seu *egocentrismo*. (Se você não conseguir pensar em nada, pergunte ao seu cônjuge, aos seus filhos ou a um colega de trabalho.)
2. Por que você foi impelido a se comportar daquela maneira?
3. O que VOCÊ acredita que pode fazer para realizar uma mudança duradoura em seu coração?

CAPÍTULO 15

Sucesso incomparável e felicidade inabalável

"Eu lhes mostrarei com quem se compara aquele que vem a mim, ouve as minhas palavras e as pratica. É como um homem que, ao construir uma casa, cavou fundo e colocou os alicerces na rocha. Quando veio a inundação, a torrente deu contra aquela casa, mas não a conseguiu abalar, porque estava bem construída."

– Jesus (Lucas 6:47-48)

Como você define o sucesso? Você o define em termos de cargo, nível de renda ou patrimônio pessoal? Você o define pelo número de funcionários subordinados a você, ou pelo volume de vendas e pela receita da sua empresa?

Como você define a felicidade? Você a reconhece ao sentir alegria, enlevo, êxtase físico e emocional? Trata-se de um estado de prazer, contentamento e satisfação? Ou será que a felicidade inspira uma sensação de arrebatamento, excitação e euforia?

É importante entender bem sua definição de sucesso e de felicidade. Primeiro, porque sua definição vai determinar os critérios com que você mede seu grau de sucesso e felicidade. Segundo, porque, se esses critérios não são *verdadeiros*, você descobrirá suas falhas ao compará-los com critérios mais precisos.

Infelizmente, não existem padrões fixos quando avaliamos nossos níveis de sucesso e felicidade. Cada pessoa tem seus próprios critérios, e eles variam muito de pessoa para pessoa. No entanto Jesus oferece o padrão decisivo para medirmos todos os níveis de sucesso e felicidade. Seus critérios se baseiam na realidade e na importância, em lugar de ilusões e superficialidade.

A verdadeira medida do sucesso

No ensino médio, medíamos o sucesso de acordo com três critérios: popularidade, desempenho atlético e notas. No entanto, por essas medidas, eu e meu colega de classe, Steven Spielberg, éramos malsucedidos e teríamos sido eleitos por nossos professores e colegas de classe os dois menos capazes de alcançar o sucesso. De acordo com esses padrões, Bill Gates, Thomas Edison e Benjamin Franklin teriam sido julgados, quando jovens, totalmente fracassados.

No mundo dos negócios, tendemos a medir o sucesso de acordo com nosso cargo e salário, ou o orçamento e o volume de vendas do nosso departamento. Na vida pessoal, muitas vezes medimos o sucesso pelo tamanho da nossa casa, a marca do nosso carro, o clube de que somos sócios, ou o nosso patrimônio líquido. Mas esses critérios também não podem medir o verdadeiro sucesso. Segundo essas medidas, Jesus e seus discípulos teriam sido considerados um fracasso *total*.

Você já ouviu falar de um homem de negócios americano chamado Robert Morris? Em 1798, aos 64 anos, ele foi mandado para a prisão dos devedores, onde passou três anos. Depois de ser libertado, em 1801, Morris viveu na pobreza até morrer, em 1806. De acordo com várias medidas de sucesso, ele poderia ser considerado um fracasso. No entanto, segundo George Washington, a Revolução Americana nunca teria sido empreendida, muito menos vencida, *sem* Robert Morris.

Ele foi um dos signatários da Declaração de Independência. Morris e todos os outros signatários empenharam sua fortuna e sua vida na busca, contra todas as expectativas, do sonho da democracia. Depois de reproduzir por muitos anos gestos de extrema generosidade e doação ao seu país, Morris acabou perdendo tudo e foi condenado à prisão por causa de suas dívidas, após um empreendimento malsucedido. Morreu na pobreza, aparentemente fracassado. No entanto, de acordo com qualquer medida verdadeira, ele foi um dos revolucionários mais importantes da história americana.

Então, quais *são* as verdadeiras medidas do sucesso? Jesus revelou três medidas, tanto para a vida profissional quanto para a pessoal. Elas estão relacionadas a talentos, capacidades e dons específicos de que fomos dotados e também à contribuição que fazemos quando realizamos o que nos propusemos a realizar e à nossa capacidade de atingir os objetivos da maneira *certa*. Jesus fez mais de 1.900 declarações no Novo Testamento, todas elas altamente relevantes para a questão do sucesso.

A primeira medida do verdadeiro sucesso: missões significativas cumpridas com eficácia

A primeira medida do nosso sucesso está relacionada à importância das missões que empreendemos e à eficácia com que as realizamos. Na parábola dos talentos (Mateus 25:14-30) que já citamos, Jesus nos fala de um empresário que precisa fazer uma longa viagem e deve deixar a administração de seus investimentos nas mãos de três bons gestores de fundos. Eis os fatos da história:

1. Ele alocou o dinheiro conforme a *capacidade* de cada gestor. Deu a maior quantia ao gestor mais capaz. Ao segundo, um pouco menos, e menos ainda ao terceiro.
2. Deu-lhes uma missão específica com um prazo definido: "*Administrar o dinheiro pelo período em que estarei viajando e obter os melhores resultados possíveis.*"
3. Quando ele voltasse, cada um dos gestores deveria prestar contas do seu sucesso individual no cumprimento da missão.

4. O primeiro e o segundo gestor tinham dobrado o valor do investimento.
5. O terceiro enterrara o dinheiro em um lugar seguro e o devolveu. Não assumiu risco algum, não fez qualquer esforço e não gerou nenhum retorno sobre o investimento. Simplesmente manteve o que recebera.
6. Os dois gestores que dobraram o investimento foram generosamente recompensados, elogiados e promovidos. Foram reconhecidos por terem usado sua capacidade para multiplicar o que tinham recebido.
7. O gestor de melhor desempenho recebeu um bônus além da recompensa.
8. O terceiro gestor achou que também *tinha direito* a recompensa e elogios, porque protegera o dinheiro que lhe tinha sido entregue, sem perder nem um centavo. Mas, em vez de elogiá-lo e recompensá-lo, o patrão o chamou de negligente e mau, e o demitiu. Ele não usara o que recebera para obter um ganho significativo.

Que lições podemos tirar da parábola de Jesus?

Vamos começar analisando o fracasso do terceiro gestor, pois as consequências do seu malogro o privaram do que ele mais prezava na vida.

Infelizmente, cometemos com frequência erros desse tipo, com consequências semelhantes. A única forma de escapar dessa tendência tão comum é tomar consciência desses erros, a fim de evitá-los.

Os cinco erros críticos do terceiro gestor

1. ***Uma mentalidade de direito adquirido***. O terceiro gestor considerava seu emprego uma garantia absoluta. Achava que era suficiente estar presente no local de trabalho. Não

acreditava que seu emprego e futuro dependiam do seu desempenho.

Quantas vezes pensamos da mesma maneira, pressupondo que nosso empregador, o governo ou nosso cônjuge nos devem algo e que não precisamos fazer nada para merecê-lo? Essa é uma postura que nos priva da motivação para alcançar o sucesso extraordinário em praticamente todas as áreas da vida. Também elimina a oportunidade de sermos felizes, porque cria expectativas falsas.

2. ***Esforço mínimo e desempenho sem brilho.*** Ao contrário dos gestores que investiram ativamente durante meses, o terceiro gestor não fez esforço algum para aumentar as posses do patrão. Ele escondeu o dinheiro e não pensou mais no assunto. Recebeu abrigo, refeições e salário durante todo aquele tempo, embora *nada* tenha feito para merecê-los. Em certo sentido, estava roubando o salário e foi provavelmente por isso que o patrão não apenas o chamou de "negligente", mas também de "mau". Quando "simplesmente comparecemos" na vida e só fazemos o suficiente para "tocar o barco", nos comportamos da mesma maneira. Não basta fazer o necessário para *manter* nosso lugar – precisamos fazer um esforço para ter um desempenho que *ultrapasse* as expectativas do nosso chefe, do nosso cônjuge ou dos nossos filhos.
3. ***Ele desperdiçou tempo e oportunidade***. Embora não nos demos conta, o *tempo* é nosso patrimônio mais importante. O terceiro gestor desperdiçou o tempo que lhe havia sido concedido para produzir uma boa taxa de retorno sobre o dinheiro do seu empregador, preferindo escondê-lo. Nós também desperdiçamos tempo todos os dias. Vivemos como se tivéssemos todo o tempo do mundo, nos ocupando em atividades frívolas que não geram benefícios dura-

douros para outros nem para nós mesmos. Esses minutos, horas ou dias perdidos não podem ser recuperados.

Os outros dois gestores aproveitaram ao máximo o tempo de que dispunham e obtiveram resultados extraordinários. Por isso foram elogiados e recompensados.

4. ***Ele abandonou o propósito do seu emprego.*** O motivo pelo qual aquele gestor recebeu uma parte do patrimônio de seu empregador foi para que investisse e o *aumentasse*. Sua atitude e seu desempenho demonstraram que, em *sua* mente, o empregador existia para *seu* benefício e não que ele trabalhava com o objetivo de gerar benefícios para o empregador. Esse era o propósito de seu emprego. Na vida profissional, somos contratados com um propósito. Ele deve fundamentar nossa postura e nosso comportamento. Em casa, o propósito deve guiar nosso casamento e nossa relação com os filhos. É por isso que a descoberta dos seus "motivos" e o mapeamento das suas missões são tão importantes. Assim você fortalece seu propósito e obtém mais apoio para realizá-lo.
5. ***Ele perdeu a* oportunidade *de realizar um grande feito, e preferiu evitar riscos e acomodar-se.*** Quando nos acomodamos, dando as costas a novas oportunidades de aprendizado e crescimento, estagnamos e nos desligamos dos maiores benefícios da vida. É impossível realizar algo significativo dessa forma. O ímpeto para empreender coisas de valor ajuda a energizar nosso pensamento e alimenta nosso comportamento. Ao optarmos por *agir*, estamos nos entregando à vida como ela deve ser vivida.

O QUE OS DOIS GESTORES BEM-SUCEDIDOS NOS ENSINAM

Como podemos evitar esses mesmos erros em nossa vida? Para começar, podemos aprender as lições dos dois gestores e seguir seu exemplo.

1. ***Diligência gera sucesso extraordinário***. Para sermos bem-sucedidos, precisamos ser diligentes na busca do sucesso. Infelizmente, a diligência não é um bem comum na vida. O rei Salomão escreveu: "Você já observou um homem habilidoso em seu trabalho? Será promovido ao serviço real" (Provérbios 22:29). Salomão definiria *diligência* como uma habilidade que pode ser aprendida e que combina *persistência, inteligência, planejamento* e *desempenho* de maneira *eficiente* e *eficaz* para que um resultado superlativo seja atingido. A diligência não consiste simplesmente em trabalhar com afinco, mas em trabalhar de forma inteligente ao longo do tempo.
2. ***O sucesso extraordinário gera recompensas extraordinárias***. Quando fazemos o mínimo necessário para realizar uma tarefa, a recompensa é meramente a manutenção do nosso emprego. Por outro lado, se alcançarmos resultados verdadeiramente extraordinários, uma boa empresa nos recompensará proporcionalmente. E se aquela empresa *não* nos recompensar, outra o fará!
3. ***O sucesso não é definido somente pelo dinheiro***. Não há nada de errado com o dinheiro quando sua origem é legítima e ética. No entanto, embora possa ser um indicador de realização material, o dinheiro sozinho não é uma medida verdadeira do sucesso. Mais importante é realizar *todo o seu potencial* no prazo disponível. Quanto mais bem administrados forem seus talentos, mais bem-sucedido você será.

Meu filho mais velho, Mark, ensina inglês em um bairro carente da Filadélfia. Os administradores da escola e os pais dos alunos têm o direito de exigir a diligência de Mark para que os alunos obtenham bons resultados. Mark é um professor muito talentoso, guiado pelo amor e pela compaixão que sente pelas crianças com as quais trabalha. Dar-lhes apenas 80% de seus esforços seria um desperdício do seu talento e um descumprimento da sua responsabilidade. Mas ele dá o máximo de si e sua recompensa como professor não é um salário mais alto ou uma bonificação de Natal. Porém, sob vários aspectos, é bem maior. Muitos de seus alunos são transformados pelo desempenho, pelo carinho e pela dedicação de Mark. Qual é o valor de uma única vida transformada? Talvez seja maior do que a bonificação de 1 milhão de dólares paga ao diretor executivo de uma grande empresa.

A segunda medida do verdadeiro sucesso: cumprir nossas missões da maneira certa

A crise financeira de 2008 foi acarretada por empresas e políticos que tentaram fornecer a famílias de baixa renda a casa própria de maneira *errada*. Os políticos aprovaram leis que permitiam às instituições de crédito fornecer hipotecas a pessoas que não eram solventes. As instituições, por sua vez, usaram aqueles empréstimos para aumentar seu lucro. A ganância tomou conta e todos fecharam os olhos para os riscos. Mesmo quando advertidos, os líderes no Congresso se recusaram a prestar atenção aos contestadores. Consequentemente, trilhões de dólares de investimentos e contas de aposentadoria de milhões de americanos evaporaram.

Possibilitar a compra de casas para pessoas que não tinham muito dinheiro ou crédito sólido podia parecer uma missão válida. Mas a maneira como isso foi realizado teve consequências devastadoras. Se o Congresso realmente quisesse melhorar as condições de vida daquelas pessoas, deveria investir em oportunidades educacionais e vocacionais. Mas *esse* tipo de solução responsável consumiria muito tempo e esforço. A ganância e o desejo de tomar atalhos para atingir os fins desejados se mostraram desastrosos.

Como Jesus nos ensinou com seu exemplo e com suas palavras, é crucial que cumpramos nossas missões da maneira *certa*.

1. ***Proteja-se contra a ganância***. A ganância é uma ladra perigosa e sedutora. Segundo o rei Salomão, ela destrói a vida de quem a tem (Provérbios 1:19). Jesus advertiu: "Cuidado! Fiquem de sobreaviso contra todo tipo de ganância; a vida de um homem não consiste na quantidade dos seus bens" (Lucas 12:15).
2. ***Tome a iniciativa; aproveite a oportunidade***. Estamos cercados diariamente de oportunidades em todas as áreas importantes de nossas vidas. Mas elas passam direto por nós e nós as perdemos porque nossos olhos não as veem. Alegamos que somos velhos, pouco qualificados ou acomodados demais para agir. No entanto essas limitações só existem em nossa cabeça. Aqueles que aproveitam as oportunidades provocam grandes mudanças em suas vidas. Conheço uma mulher cega de 89 anos que, depois de experimentar nosso produto nutricional, constatou tamanho aumento em seu nível de energia e em sua qualidade de vida que decidiu se filiar à nossa empresa como distribuidora independente. Aos 89 anos! Ela recrutou tantos amigos idosos como clientes e distribuidores que atingiu o patamar "ouro", ganhando mais de 3 mil dólares em seu primeiro mês! Sim, ela era cega, mas viu uma oportunidade e a aproveitou, em vez de deixar que a idade e a deficiência física a impedissem.

   Jesus nunca foi um observador passivo do mundo à sua volta. Em vez disso, tomou a iniciativa em todos os momentos. E ensinou os homens e mulheres sob sua orientação a fazer o mesmo. Ele disse: "Peçam e lhes será dado; batam e a porta lhes será aberta" (Mateus 7:7).

   Poucos de nós tomam iniciativas. Muitos "se deixam levar". Para ter sucesso na realização de qualquer esforço, projeto ou área importante de sua vida, você precisa tomar a iniciativa. Não basta simplesmente ficar sentado no banco dos reservas ou assistir ao jogo da arquibancada.

3. ***Seja generoso***. Jesus disse: "Deem e lhes será dado; uma boa medida, calcada, sacudida e transbordante será dada a vocês. Pois a medida que usarem também será usada para medir vocês" (Lucas 6:38).

   Quando o assunto é doar, a maioria de nós se esconde atrás da seguinte racionalização: "Eu seria mais generoso se tivesse mais recursos." Achamos que, por termos dificuldade em pagar nossas contas, não podemos ser generosos. Esse é o tipo de comportamento *passivo* sobre o qual Jesus nos advertiu. Talvez você realmente não tenha dinheiro sobrando. Se esse for o caso, seja generoso doando seu tempo, seu carinho e sua dedicação. Ofereça um ouvido amigo, uma palavra de encorajamento ou uma mão estendida para ajudar alguém a executar uma tarefa. Algumas das pessoas mais generosas que conheci eram as que tinham *menos* dinheiro. Mas doavam generosamente o que possuíam. Não há maneira mais segura de conquistar uma felicidade que ninguém pode tirar de você. Todos nós temos algum talento, um pouco de tempo ou uma habilidade que podemos compartilhar.

4. ***Escolha a sabedoria em vez da conveniência***. Para cumprir sua missão da maneira certa, aja com sabedoria e bondade. Jesus sabia que vivemos cercados de lobos que se aproveitam de nós quando a oportunidade aparece. Mas não nos disse para combater o fogo com o fogo nem para nos tornarmos também lobos. Como você deve lembrar, ele disse: "Eu os estou enviando como ovelhas entre lobos. Portanto, sejam astutos como as serpentes e sem malícia como as pombas" (Mateus 10:16). Para nos tornarmos astutos como as serpentes, precisamos de conselheiros, parceiros e men-

tores sábios, pessoas que já atravessaram com sucesso os campos minados que nos cercam.

5. ***Ame e viva no momento presente.*** Para Jesus, a viagem é tão importante quanto o destino. Em sua parábola do Bom Samaritano, um homem é roubado, espancado e abandonado nu e inconsciente por um bando de ladrões. Dois homens passaram por ele na estrada, mas estavam com pressa para chegar ao destino e decidiram não se envolver. Mas o terceiro homem, um samaritano, foi movido pela compaixão. Limpou e fez curativos nas feridas, pôs o homem sobre seu próprio burro e o levou para uma hospedaria. Na manhã seguinte, deu uma quantia ao hospedeiro, dizendo: "Cuida dele. Quando eu voltar, lhe pagarei todas as despesas que você tiver" (Lucas 10:35).

   Os dois primeiros homens pouparam tempo, dinheiro e esforço que teriam sido gastos se tivessem cuidado do homem. Mas se enganaram com seu egoísmo e perderam a bênção da viagem. O gesto do samaritano, por outro lado, manifestou uma vida bem vivida. As recompensas que recebeu por aquela ação ficaram com ele para sempre.

   As maiores alegrias da minha vida não foram meus sucessos, mas as experiências incomparáveis que tive com as pessoas com quem me associei e convivi cotidianamente. Embora muitas tenham criado desvios inesperados no meu caminho e na minha programação, nunca me arrependi de nenhuma mudança de curso. Na verdade, alguns dos meus maiores sucessos vieram de relacionamentos que aconteceram como *resultado* de um desvio.

Uma demonstração que seus discípulos jamais esqueceriam

Na noite anterior à sua morte na cruz, Jesus deu aos discípulos algumas das instruções mais importantes que ele já havia proferido. O mundo dos seus discípulos estava prestes a ser profundamente abalado. Eles estavam na iminência de perder a pessoa em que tinham confiado por mais de três anos e que lhes dera o que mais prezavam: amor, ensinamento e orientação. Largaram tudo – emprego, casa e família – para segui-lo. E Jesus estava prestes a deixá-los. Eles se convenceram de que aquele era o Messias, o Filho de Deus. Testemunharam seus milagres. Mas logo veriam Jesus ser preso, espancado, pregado em uma cruz e assassinado. Se alguma vez eles precisaram de seu conselho, foi *naquele* momento. O que ele diria? O que faria?

Logo após ter acabado de comer, Jesus se levantou da mesa, despejou água em uma bacia e começou a lavar os pés de cada discípulo. O que era aquilo? O homem que tinham venerado estava lavando os pés *deles*. Jesus disse: "Eu lhes dei o exemplo, para que vocês façam como lhes fiz" (João 13:15). Jesus estava mostrando que o que deveria guiar o comportamento deles era a disposição e o desejo de *servir* uns aos outros e de servir seus seguidores.

Todos nós conhecemos pessoas cuja personalidade e vida são caracterizadas pela determinação de servir os outros. Esse era o caso de minha mãe. Em seu funeral, uma de suas antigas colegas de trabalho me disse:

– Sabia que todos na empresa chamavam sua mãe de "o anjo"? Sempre que alguém tinha um problema, corríamos para *ela*. Sua mãe sempre achava tempo para ouvir e depois tentava descobrir uma maneira de nos ajudar a resolver os problemas.

Minha mãe era *guiada* por seu coração servidor.

A maioria de nós não nasce com um coração servidor. Mas, como Jesus mostrou aos discípulos por meio de suas ações, embora isso não faça parte da nossa *natureza*, todos nós podemos *optar* por servir. E podemos fazer essa escolha todos os dias. Eis uma realidade surpreendente: quanto mais decidimos servir os outros, mais as ações generosas se tornam naturais para nós. No início, o gesto de servir não será natural para a maioria. Mas, se nos lembrarmos do exemplo de Jesus e o seguirmos, não apenas abençoaremos a vida daqueles que servimos, como também *seremos* abençoados.

A terceira medida do sucesso: criar um legado duradouro

Embora a maioria de nós esteja preocupada em simplesmente chegar ao fim do dia, Jesus ensinou a seus seguidores que o verdadeiro sucesso é aquele que perdura e cria benefícios duradouros. Depois de ter dito a dois irmãos que estavam lutando por sua herança "Cuidado! Fiquem de sobreaviso contra todo tipo de ganância; a vida de um homem não consiste na quantidade de seus bens" (Lucas 12:15), Jesus contou a seguinte parábola:

> A terra de certo homem rico produziu muito. Ele pensou consigo mesmo: "O que vou fazer? Não tenho onde armazenar minha colheita." Então, disse: "Já sei o que vou fazer. Vou derrubar meus celeiros e construir outros maiores, e ali guardarei toda a minha safra e todos os meus bens. E direi a mim mesmo: 'Você tem grande quantidade de bens, armazenados para muitos anos. Descanse, coma, beba e alegre-se.'" Contudo Deus lhe disse: "Insensato! Esta mesma noite a sua vida lhe será exigida. Então, quem ficará com o que você preparou?"
>
> (Lucas 12:16-20)

Que tragédia! No entanto, há inúmeras pessoas que passam a vida acumulando coisas para seu próprio benefício, *sem* criar um legado para abençoar a vida dos outros. Que desperdício de vida! Jesus disse: "Assim acontece com quem guarda para si riquezas, mas não é rico para com Deus" (Lucas 12:21).

Jesus tinha um modelo *melhor* a seguir. Imagine se você pudesse deixar um rico legado para as gerações futuras *e* agir de uma maneira que também gerasse benefícios *eternos* para você mesmo. Como já vimos, Jesus disse a seus seguidores: "Não acumulem para vocês tesouros na terra, onde a traça e a ferrugem destroem, e onde os ladrões arrombam e furtam. Mas acumulem para vocês tesouros nos céus, onde a traça e a ferrugem não destroem, e onde os ladrões não arrombam nem furtam" (Mateus 6:19-21). Independentemente do nosso status social ou econômico, podemos fazer escolhas *agora* que criarão um legado *eterno* para nós no céu. Jesus nos instrui a *mudar* o foco de nossos corações, passando da acumulação de tesouros terrenos à acumulação de tesouros que duram para além de nossa morte.

Deixando um legado duradouro

Um dos meus amigos, que começou sua vida profissional sem dinheiro algum, acumulou uma enorme fortuna pessoal. No entanto ele *vai* deixar tudo isso para trás porque está com uma doença terminal. Que triste é ter conquistado tantas coisas para si mesmo e ter dado tão pouco aos outros! Como podemos criar um legado que passará de geração em geração e gerará tesouros após nosso tempo na Terra?

Meu pai se afastou de Deus durante a Segunda Guerra Mundial. Morreu ateu. Todavia, deixou um maravilhoso legado para a família, a comunidade e o mundo. Seu legado para mim foi o exemplo de um pai amoroso, carinhoso e *sempre* disponível. Ele me ensinou a pensar antes de reagir. Deu-me amor, encorajamento e apoio. Estava presente quando eu precisava e sempre me deixou livre para fazer minhas escolhas. Tinha uma forte ética no trabalho e salvou milhares de vidas, criando e desenvolvendo uma série de equipamentos e técnicas para evitar acidentes de trânsito. No entanto nunca chegou a ganhar um só tostão por seus esforços em prol da segurança nas estradas.

Deixamos um legado ao atender as necessidades dos outros sem esperar receber nada em troca. Deixamos um legado dando o exemplo sobre como lidar com o outro e com as circunstâncias da vida de uma maneira que promova o crescimento das pessoas, em vez de destruí-las. O maior legado de Bob Marsh para mim não foram as estratégias eficazes de marketing, mas o exemplo de como ser bem-sucedido nos negócios com integridade, honra e amor. E espero estar transmitindo esse legado para as pessoas que tenho o privilégio de influenciar.

Jesus ensinou que julgamos a vida de uma pessoa por meio dos "frutos" que ela produz. É boa a pessoa que produz bons frutos. Quem não produz fruto algum leva uma vida sem valor. Jesus disse: "Eu sou a videira; vocês são os ramos. Se alguém permanecer em mim e eu nele, esse dará muito fruto" (João 15:5). A melhor maneira que conheço de produzir muitos frutos e abençoar a vida dos outros de modo permanente é seguindo o exemplo e os ensinamentos de Jesus. Esses frutos perdurarão, serão passados de uma geração a outra e criarão um legado incalculável. Sob vários aspectos, o comportamento do meu pai em relação a mim refletia o exemplo de Jesus. Os frutos do comportamento do meu pai continuam a encher meu coração de gratidão e amor até hoje.

Se você se voltar para Jesus em busca de sabedoria para questões espirituais, de amor e de vida cotidiana, mudanças poderosas e milagrosas ocorrerão em seu coração, em sua vida e na vida das pessoas que você serve e influencia. Jesus disse: "Portanto, quem ouve essas minhas palavras e as pratica é como um homem prudente que construiu sua casa sobre a rocha" (Mateus 7:24).

Quanto mais adotamos e seguimos os ensinamentos de Jesus, mais capazes somos de deixar o interesse próprio de lado e de começar a servir os outros, acumulando *tesouros* cada vez maiores. São os valiosos tesouros do *agape*, quando o coração de um servidor se volta para o próximo com sede de verdade e de justiça. São os tesouros de um coração transformado, um coração egocêntrico que se torna generoso, um coração repleto de ódio que se enche de amor, um coração indiferente que se torna compassivo e um coração arrogante que se torna humilde. Talvez os maiores tesouros que podemos acumular sejam as vidas que transformamos, influenciamos e auxiliamos.

Você não precisa de riqueza na Terra para se tornar um milionário no céu

Conheci pessoas que acumularam enormes fortunas espirituais, embora quase não tivessem tesouros *terrenos*. Lembro-me de um homem que, durante mais de 25 anos, limpava todos os banheiros e sanitários dos 13 andares de um prédio. Como o último ônibus para o centro de Phoenix saía do seu bairro às 17h30 e seu turno só começava à meia-noite, ele trabalhava 14 horas, embora só recebesse por 8. Seu turno terminava às 8h. Depois de um rápido cochilo matutino, ele cuidava da esposa inválida até a hora de voltar a trabalhar. E não se queixava, fazia seu trabalho com o coração alegre, contagiando todos à sua volta. Seu segredo? Ele amava Deus, amava a esposa e gostava de trabalhar para aquele empregador. Tinha um coração cheio de gratidão por todas as coisas boas em sua vida. Ele me disse que gostava tanto do seu trabalho porque deixar um banheiro impecavelmente limpo alegrava a vida dos outros. E entoava os hinos de sua igreja enquanto trabalhava.

Para mim, a decisão de me entregar a Jesus em uma noite de domingo de 1964 foi a mais importante da minha vida. Acabei conseguindo tudo o que quis por causa daquela decisão. Além disso, os tesouros *celestes* que vivenciei na Terra foram mais gratificantes e transformadores do que os tesouros materiais que conquistei. Espero que você também descubra as indescritíveis riquezas de um relacionamento pessoal com Jesus, vivenciando a sabedoria transformadora e o amor que ele oferece a cada um de nós e tornando-se capaz de construir a sua vida sobre a rocha sólida de suas palavras.

A COMPREENSÃO TRANSFORMA MENTES, A AÇÃO TRANSFORMA VIDAS

Conquistando o *verdadeiro* sucesso

1. Até agora, com que critérios você mediu o sucesso?
2. Você se vê reproduzindo os erros do terceiro gestor da parábola dos talentos?
   a. Apenas comparece ao trabalho, sem empenhar-se em suas tarefas?
   b. Faz um esforço mínimo e seu desempenho é medíocre?
   c. Desperdiça tempo e oportunidades?
   d. Já abandonou o *propósito* do seu emprego?
   e. Perdeu a *oportunidade* de realizar grandes feitos por causa de sua acomodação?
3. Você está correndo atrás do sucesso da maneira *certa*?
   a. Está se protegendo da cobiça?
   b. Está tomando a *iniciativa* de aproveitar as oportunidades?
   c. Está sendo generoso com seu tempo, talento e dinheiro?
   d. Está aplicando sua sabedoria ou simplesmente fazendo o que é conveniente?
   e. Está vivendo "o momento presente" e amando aqueles que compartilham esse momento com você?

APÊNDICE 1

O processo de mapeamento da visão em funcionamento

Já que uma imagem vale mil palavras, vou ilustrar o processo de mapeamento de visão com um exemplo da minha história. Como já contei, em 1996 meus sócios e eu decidimos entrar em um projeto no qual iríamos comercializar um equipamento de ginástica cujos direitos tínhamos adquirido. Tratava-se de um dispositivo para treino de força usado por equipes esportivas profissionais e clínicas de reabilitação física. Nossa esperança era vendê-lo para os clientes como uma unidade doméstica de ginástica de alto nível. O nome do produto era Total Gym e esperávamos contratar Chuck Norris e Christie Brinkley como porta-vozes. Chuck usava o equipamento havia 18 anos e gostava tanto que o despachara para locações de filmagem em todos os lugares do mundo em que tinha trabalhado. Na época, Christie ainda não o usara, mas sabíamos que ela fazia exercícios para se manter em forma e achávamos que, se ela experimentasse, se apaixonaria pelo equipamento. Eis uma *parte* do meu mapa de visão para a comercialização do Total Gym.

Exemplo de mapa de visão: Total Gym

Passo 1: Definir com clareza sua visão/missão

Visão

Reprojetar o Total Gym para apresentá-lo como um aparelho doméstico de ginástica atraente e prático e criar um programa de marketing que venda milhões de unidades aos consumidores nos Estados Unidos e no mundo.

Passo 2: Converter sua visão em metas específicas que devem ser atingidas para que a missão seja cumprida

Metas da visão

1. Reprojetar o Total Gym para torná-lo mais atraente e prático para o uso doméstico. Encurtá-lo e reduzir seu peso em pelo menos 12kg. Fazer as mudanças necessárias para que ele seja entregue totalmente montado e possa ser dobrado e guardado debaixo da cama.
2. Recrutar Chuck Norris e Christie Brinkley para serem nossos porta-vozes televisivos com cachês que possamos pagar.
3. Produzir um infomercial de 30 minutos e comerciais de 2 minutos e 30 segundos para vender o Total Gym diretamente aos telespectadores.
4. Criar uma pesquisa de mercado para avaliar a reação dos consumidores aos comerciais.
5. Definir um plano de mídia para guiar a compra de espaços publicitários.
6. Encontrar um parceiro de marketing para distribuir o Total Gym em lojas de varejo que vendam equipamentos de ginástica.
7. Desenvolver o material promocional de marketing a ser enviado aos consumidores interessados que também será incluído na embalagem de cada Total Gym vendido.
8. Criar o programa e os roteiros para os call centers que receberão os pedidos.
9. Redigir anúncios de jornal como apoio às vendas dos varejistas.

Passo 3: Converter cada meta em passos específicos que precisam ser dados para que ela seja alcançada

Meta 3: Produzir um infomercial de 30 minutos e comerciais de 2 minutos e 30 segundos para vender o Total Gym diretamente aos telespectadores.

Passos

1. Realizar uma pesquisa.
2. Redigir o roteiro do infomercial.
3. Redigir os roteiros dos *spots* internos.
4. Definir os segmentos do programa.
5. Determinar a locação e o cenário.
6. Criar um cronograma de produção.
7. Produzir os comerciais.
8. Editar os comerciais.
9. Melhorar o som.

Passo 4: Converter cada passo em tarefas específicas que precisam ser completadas para que o passo seja dado

Meta 3, passo 1: Preparar a pesquisa

Tarefas

1. Listar todas as vantagens do treinamento de força em relação aos exercícios aeróbicos.
2. Pesquisar outros equipamentos de treinamento de força no mercado.
3. Determinar os benefícios singulares que um usuário terá com o Total Gym.
4. Apontar as vantagens competitivas do Total Gym em rela-

ção a outras máquinas, aparatos e equipamentos de treinamento de força.

5. Identificar objeções e desculpas que o consumidor pode apresentar para *não* comprar o Total Gym.
6. Elaborar as respostas às possíveis objeções e desculpas dos consumidores.
7. Selecionar e priorizar todos os pontos de venda que poderiam ser usados no roteiro do infomercial.
8. Conseguir depoimentos de testemunhas e grupos de usuários "antes e depois".

Passo 5: Determinar um prazo para a realização de cada tarefa, passo e meta

Quando determino prazos, geralmente parto do prazo final para que o projeto, missão ou visão seja completado e, depois, vou trabalhando em ordem decrescente, determinando prazos para cada meta, passo e tarefa. Muitos preferem fazer o oposto, começando com prazos realistas para cada tarefa e, depois, determinando em ordem *crescente* o prazo para cada passo e meta, chegando finalmente a um prazo para completar o projeto, missão ou visão. Começar pelo topo e seguir em ordem decrescente é crucial quando você tem um prazo apertado para que um trabalho seja completado. Se *não* for esse o seu caso, a tática de começar pela última tarefa do último passo da última meta e prosseguir em ordem *crescente* até chegar ao prazo final do projeto permitirá que você tenha muito tempo para completar cada etapa. Qualquer um dos dois métodos funciona e você deve escolher o que for mais adequado às circunstâncias, à sua personalidade, ao seu método de trabalho e ao seu estilo de vida.

APÊNDICE 2

Mapeamento de visão em nossa vida pessoal

Você não precisa limitar o mapeamento de visão ao trabalho. Também pode usá-lo em qualquer área importante da sua vida pessoal. Por exemplo, digamos que você queira o melhor relacionamento possível com seu cônjuge. Eis um breve exemplo de uma parte de um mapa de visão para a realização desse sonho.

Passo 1: Definir com clareza sua visão/missão

Visão

Ter um relacionamento extraordinário e prazeroso com minha mulher – um relacionamento em que todas as nossas necessidades e os nossos desejos sejam satisfeitos e que mostre a nossos filhos como um casamento pode ser emocionalmente vibrante e espiritualmente recompensador.

Passo 2: Converter sua visão em metas específicas que devem ser atingidas para que a missão seja cumprida

Metas da visão

1. Fazer o que for necessário para proporcionar à minha mulher um relacionamento no qual suas necessidades mais importantes (físicas, emocionais, espirituais, financeiras, etc.) e seus sonhos sejam realizados.
2. Descobrir as coisas que faço ou não faço que podem estar

prejudicando nosso relacionamento e começar a operar mudanças no meu comportamento para satisfazer melhor as necessidades da minha mulher.
3. Comunicar com clareza minhas necessidades, meus desejos e minhas esperanças à minha mulher para que ela possa contribuir para satisfazê-los em nosso relacionamento.

Passo 3: Converter cada meta em passos específicos que precisam ser dados para que ela seja alcançada

Meta 1: Fazer o que for necessário para proporcionar à minha mulher um relacionamento no qual suas necessidades mais importantes (físicas, emocionais, espirituais, financeiras, etc.) e seus sonhos sejam realizados.

Passos

1. Descobrir junto à minha mulher quais são suas necessidades e sonhos mais importantes e pedir sugestões sobre como satisfazê-los.
2. Determinar as melhores maneiras de satisfazer cada uma dessas necessidades e realizar cada um desses sonhos.
3. Criar um plano para satisfazer essas necessidades regularmente e realizar os sonhos.
4. Começar a satisfazer as necessidades de forma consistente e ajudar minha mulher a realizar seus sonhos por meio do processo de mapeamento de visão.

Passo 4: Converter cada passo em tarefas específicas que precisam ser completadas para que o passo seja dado

Meta 1, passo 1: Descobrir junto à minha mulher quais são suas necessidades e seus sonhos mais importantes e pedir sugestões sobre como satisfazê-los.

Tarefas

1. Escolher um momento em que minha mulher e eu possamos passar uma tarde juntos e pedir que ela me ajude a entender com clareza suas necessidades e seus sonhos mais importantes.
2. Usar conversa e imagens verbais emocionais "*drive-thru*" para obter um entendimento claro de suas necessidades, suas esperanças e seus sonhos.
3. Tomar notas que possam ser usadas como um lembrete para me ajudar a acompanhar atentamente o progresso real da satisfação das necessidades de minha mulher e da realização de suas esperanças e seus sonhos. Isso também mostrará a ela que estou levando seus desejos tão a sério quanto meu trabalho.

Passo 5: Determinar um prazo para a realização de cada tarefa, passo e meta

Aqui também é importante determinar prazos específicos, pois, se você não tiver um cronograma, *não* alcançará sua meta. Se você achar difícil determinar prazos específicos, estipule uma média de tempo de uma ou duas semanas. Um prazo flexível é melhor do que nada.

CONHEÇA OS LIVROS DE STEVEN K. SCOTT

Jesus, o homem mais sábio que já existiu

As mais belas palavras de todos os tempos

Salomão, o homem mais rico que já existiu